映像文化論の教科書

鬼丸正明
坂上康博
［編著］

運動としての映画、
映像としてのスポーツ

青弓社

映像文化論の教科書——運動としての映画、映像としてのスポーツ

目次

講義1　運動としての映像　13

講義2　フレーム論——クローズアップとは何か　26

講義3　移動撮影論　42

講義4　編集論　60

装丁——藤田美咲

凡例

［1］本書では、資料引用の際、書籍名・映像作品名は『　』で示し、新聞名・雑誌名・紀要名や書籍に含まれる作品名・論文名、雑誌・新聞記事名などの個別の文書・記事は「　」で示している。

［2］本文で言及したり、引用・参照した文献のうち、重要なものについては詳細な書誌を各講義末の「参考文献」に記載している。

［3］本文で取り上げた映像のうち、重要なものについては各講義末の「映像」に記載し、それらのうちインターネット上で視聴が可能な映像についてはＵＲＬも記載している。

講義1　運動としての映像

1　スポーツ映像を映像としてとらえる

世界で最も多くの視聴者がリアルタイムで見ている映像は何だと思いますか？　それは映画でもドラマでもニュースでもありません。テレビのスポーツ中継です。オリンピックやサッカーワールドカップになると、延べ何十億という人々がテレビの前に、同じ一つの映像の前に集まります。それはなぜか。なぜスポーツ映像なのでしょうか。

その疑問に答えるためには、スポーツ映像を映像としてとらえ、考えていくことが必要です。テレビやインターネットでスポーツ中継を見ているときに、私たちは「スポーツを見ている」と思っています。しかし、私たちが見ているのは、実は映像なのです。スポーツ映像を見て感動し、スポーツについて熱く語り始める人も、実際は映像に感動し、映像について語っている。このように思い込みや常識にとらわれず多面的・客観的に、つまり批判的にとらえること、それがスポーツ映像について考える出発点になります。〈スポーツ映像は、何よりもまず映像である〉ということです。

スポーツ中継やドキュメンタリーの制作に携わっている人々は、スポーツ映像を、歴史的に作り上げられてきた映像の技法や文法（決まりごと）に従って作製しています。たとえばクローズアップやスローモーション再生映像、音の使い方などです。そうした映像の技法や文法は、メディアとの接触を通して視聴者である私たちにも共有されていて、私たちもそれに従って映像を解釈しています。ですが、そのことを私たちが普段意識することはありません。知らないうちに身体に染み込んで、感覚の一部になってしまっているからです。それをとらえ直すには、映像の技法や文法に関する独自の知識が必要であり、それなくしてスポーツ映像を真に理解することはできません。

スポーツ映像についての研究は、現在「スポーツとメディア」や「メディアスポーツ」と呼ばれる分野を中心におこなわれていますが、そのような研究では映像を見てスポーツについて語ろうとしていて、それが映像であるという視点が欠落してしまっています。つまり、映像論がほとんど欠けてしまっているのです。ここに現在のスポーツ映像研究の弱点があります。

日本では、小学校から高校まで十二年間、スポーツについて体育の授業のなかで学びます。それによって世界でもまれなほど、スポーツに関する高い教養を身に付けています。オリンピック種目のスポーツであれば、だいたい見てわかり、やってみろと言われたら、細かいルールまではわからなくても、それなりにプレーすることができます。

しかし、映像については日本人はほとんど何も学んでおらず、基礎的な知識が欠けています。ですからこの講義では、何よりも〈スポーツ映像を映像としてとらえる〉ために必要な基礎的な知識の習得を重視します。

スポーツ映像について考えることがこの講義の重要なテーマだと聞くと、多くの人は、いわゆる「スポーツ映画」、たとえば『ロッキー』（監督：ジョン・G・アヴィルドセン、一九七七年）や『フィールド・オブ・ドリームス』（監督：フィル・アルデン・ロビンソン、一九八九年）などのジャンルの映画について語る、あるいは野球中継やサッカー中継などの映像について論じる、そんなことを想像するのではないでしょうか。しかし、この講義では、スポーツを主題とした映像を取り上げることはむしろ少なくて、スポーツが全く出てこない回もあったりします。「これは本当にスポーツ映像の講義なのか」「看板に偽りありじゃないか」。そう思ってしまう人もいるかもしれません。もちろん、講義も終わりに近づくとスポーツ映像が主題になっていきますが、それにしてもなぜスポーツがなかなか出てこないのだろうと思う人もきっといるでしょう。

それは先ほども述べたように、この講義がスポーツ映像を批判的に考察するために必要不可欠な基礎知識を手に入れることに最大のポイントを置いているからです。それはスポーツ映像だけでなく、様々なジャンルの映像をとらえるための共通の基礎知識であり、つまりこの講義は「映像文化を学ぶための基礎講座」だと理解してもらえるといいと思います。

2　映像を運動としてとらえ直す

新たな視角

現在のメディア環境の特徴は、映像の爆発といってもいいくらいの映像の氾濫にあります。映画に始まり、二十世紀中葉のテレビの登場によって大衆化した映像は、二十一世紀に入り、ネットの普及によって誰もが映像を撮って発信できるようになり、メディア環境を激変させました。映像の中心はもはやネットです。ニュースの映像も、テレビカメラによるものよりも、ネット上の投稿動画や監視カメラの映像が多くなってきています。

しかし翻ってみると、メディア研究の分野ではこうした現状をつかみきれておらず、いまだに言語を対象にした言説分析や物語分析が主流です。言語を対象にした研究は、メディア研究にとってもちろん重要です。しかし、メディアのなかで何が語られているのか、どのように語られているのかばかりに関心が向けられ、何が映像化されているのか、どのように映像化されているのかに関心が払われていません。こうした傾向は、メディア研究だけではなく、映像研究の分野でも同様です。

なぜ言説分析や物語分析が主流なのか。それには大きな理由があります。その理由とは、現在の最も強力な映像文化の一つである映画が、物語を語るための文化、「劇映画」だと見なされていることに象徴されています。新しい映画が封切られると、私たちは誰が主人公か、どんなジャンルで、どんな物語かを知ろうとします。観客は、映画を物語として消費することを当然だと見なしています。作る側も、まずいい脚本を探し、その物語を表現するために人を集め、作品を作ります。映画を作る側、売る側、見る側のすべてが映画を物語と見なしています。研究する側で物語分析が主流なのは、ある意味で当然の結果なのです。

このことは、現在のメディア研究や映像研究からは、スポーツ映像を批判的に考察するために必要な知識を手に入れることが難しい、ということを意味します。それらの研究に全面的に頼るわけにはいかないのです。この講義では、スポーツ映像を批判的に考察するために必要不可欠な映像に関する基礎知識を習得することを何よりも重視していますが、それをメディア研究や映像研究に頼らずに自力でやらなければなりません。

そのためにこの講義では、様々な映像技術やジャンルを〈運動としての映像〉という新たな視角から見直していきます。これは、私たち自身の映像についてのイメージ自体を更新する試みです。だから面白いと思います。そして、それがスポーツ映像を批判的に考察するために必要不可欠な、まさに基礎的な知識になるはずです。

この〈運動としての映像〉という視角は、現在主流になっている〈物語としての映像〉という映像の見方に対する挑戦であり、また、スポーツとの共通性を〈運動〉に求めようとする冒険的な試みでもあります。スポーツが身体の運動によって成り立っていることはいうまでもありませんが、映像を運動としてとらえるというのはどういうことでしょう。なぜそのようなとらえ方をするのでしょうか。

映像の始原としての運動

映像文化の先駆けである映画も、最初から物語を語る文化として登場したわけではありません。あるときから、

〈運動としての映像〉から〈物語としての映像〉に変化したのです。その歴史をたどってみましょう。

映画は、十九世紀末、正確には一八九五年、フランスのオーギュストとルイのリュミエール兄弟がシネマトグラフをパリで上映したのが始まりとされていますが、その歴史をさかのぼると、それが絵（picture）を動かそうとする様々な試みのなかから発生したものであることがわかります。最もわかりやすいのは、日本でもなじみ深いパラパラ漫画です（図1―1）。初期の動画装置であるフェナキスティスコープ（図1―2）やゾートロープ（図1―3）も、残像という視覚の性質を利用したもので、絵が動いているように見えます。映画を生み出した根本的な欲望の一つは、こうした絵の運動（move/cinetique）への欲望だったのです。絵が写真に替わり、さらに映写用フィルムに替わり、映画になっていきます。

映画誕生の三つの源泉といわれているのが、映写装置、写真、動画装置です。これらについては、ドイツで製

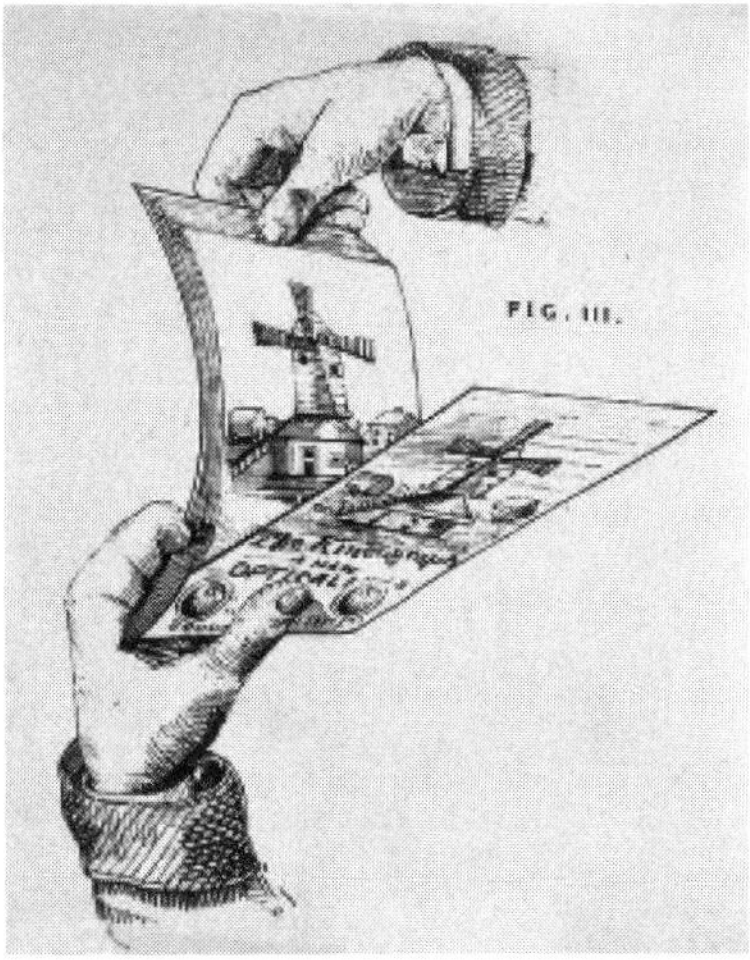

図1-1　フリップブック（パラパラ漫画）の最古の記録
1868年3月18日にジョン・バーンズ・リネットがキネグラフ（動く絵）という名称で取得した特許にある図版。
（出典：「Flip book」「Wikipedia」〔https://en.wikipedia.org/wiki/Flip_book〕［2023年12月4日アクセス］）

図1-2　フェナキスティスコープ
（出典：「What is a phenakistoscope?」「Linearity」〔https://www.linearity.io/blog/phenakistoscope/#〕［2023年12月4日アクセス］）

図1-3　ゾートロープ（回転のぞき絵）
（出典：VHS ビデオ『フィルム・ビフォー・フィルム』ヴェルナー・ケネス・プロダクション、1985年）

作された『フィルム・ビフォー・フィルム』（監督：ヴェルナー・ネケス、一九八五年）に豊富な映像が収められていて、解説も見事です。日本語版もあるので、ぜひ見てください。

　映画誕生の三つの源泉の一つ、映写装置。これはスクリーンに絵を映す装置のことです。ヨーロッパには影絵や幻灯の伝統がありました。それらは映写装置による見せ物であり、また科学装置でした。これに革新をほどこしたのがベルギー人のエティエンヌ＝ガスパール・ロベールで、彼は自らの見せ物をファンタスマゴリアと呼び、一七九八年にパリで最初の興行をおこないました。彼は暗闇のなかに人々をいざない、そこに雷や亡霊、死霊などを登場させて人々を驚かせました。幻灯機に車輪を付けて、絵を動かす様々な工夫を凝らして人気を得たのです。ファンタスマゴリアは、フランスだけでなくヨーロッパ中に広がり、当時人気があったパノラマやジオラマとともに十九世紀を代表する見せ物になりました（図1―4）。

　二つ目は写真。これはルネサンス以降、カメラ・オブスクラとして知られていたものが発展して、十九世紀にカメラや写真を生み出します。その最初の試みの一つがフランス人ジョゼフ＝ニセフォール・ニエプスのヘリオグラフィーで、彼は一八二七年ごろ、カメラ・オブスクラを用いて画像の定着に成功します。ニエプスのあとを引き継いだのがフランス人のルイ・ジャック・マンデ・ダゲールで、金属に画像を定着させようとしました。それに対して、紙に定着させて何枚も複製できる写真を作ろうとしたのが、イギリス人ウィリアム・ヘンリー・フォックス・タルボットのカロタイプで、これが近代写真の原型になります。こうした写真の試みは、大衆の熱狂的な人気を呼び起こし、その後様々な改良が加えられて、十九世紀を代表する映像文化の一つになります。のちに映画の原型になるシネマトグラフを発明したリュミエール兄弟は、フィルム会社の経営者でもありました。彼らは写真のフィルムを売るために映画を発明したのです。

図1-4　ファンタスマゴリア
（出典：マックス・ミルネール『ファンタスマゴリア――光学と幻想文学』川口顕弘／篠田知和基／森永徹訳、ありな書房、1994年、19ページ）

三つ目は動画装置。十九世紀前半に完成した写真技術を動画に応用しようとする試みが次々と現れ、映画の誕生につながっていきます。先ほど紹介したフェナキスティスコープや一八三四年のゾートロープなどです。七七年にはフランス人シャルル・エミール・レイノーがプラクシノスコープを発明し、翌七八年にはアメリカのエドワード・マイブリッジによる連続撮影、八二年にはフランスのエティエンヌ＝ジュール・マレーによる写真銃が登場します。九四年にアメリカのトーマス・アルバ・エジソンが開発したキネトスコープは、箱をのぞき込んで動画を見るというものでしたが、翌九五年にリュミエール兄弟は、それをスクリーンへと投射するシネマトグラフへと改良し、それによって一度に多くの人が動画を鑑賞することが可能になりました。こうして科学とエンターテインメントが結合し、映画が誕生したのです。

図1-5　『ラ・シオタ駅への列車の到着』
（出典：「L'arrivée d'un train en gare de La Ciotat」「YouTube」〔https://www.youtube.com/watch?v=NmxktCi6zoQ〕［2023年12月4日アクセス］）

ちなみに映画が誕生した翌年、一八九六年にはアテネで第一回近代オリンピックが開催され、十三カ国から選手が参加しています。十九世紀の後半にイギリスでは、サッカーをはじめ水泳、陸上、自転車、テニスなどの全国的な統括団体が次々と設立され、統一ルールを制定していきました。それがオリンピックのような総合的な国際スポーツ大会の開催を可能にしたのです。つまり映画と近代スポーツは、ほとんど同時期に誕生したことになります。

このように歴史をたどってみると、映画は十九世紀末に動画装置の最終ランナーとして、近代スポーツと時を同じくして登場したことがわかります。絵を動かす様々な試みのなかから生まれてきた〈運動としての映像〉が映画だったのです。これは、現在の〈物語としての映像〉という見方を相対化することができる事実です。映画は、小説や演劇のように物語のための文化として登場したのではなく、動くのがただ面白いという運動への欲望を駆り立てるために生まれた文化だったのです。

リュミエール兄弟による世界初の映画もぜひ見てください。一八九五年の『ラ・シオタ駅への列車の到着』がいちばん有名ですが、この映画を上映したら観客が驚いて逃げ出したという伝説があります（図1―5）。これも先ほど紹介した『フィルム・ビフォー・フィルム』のなかに収められていますし、ネット動画でも視聴できます。このほかに『蛇踊り』（一八九七年）、『カード遊び』（一八九六年）という映画もありますが、どれも一分間弱の作品です。映画が運動への欲望を駆り立てるために生まれた文化だったこと、〈運動としての映像〉だったことがよくわかります。

3　二重の視角

ここまで述べてきたことをまとめておきましょう。スポーツ映像についての根源的な批判や深い洞察をおこなうためには、スポーツ映像を意味や物語としてとらえるだけではなく、映像としてとらえることが必要です。そのためには映像そのものについての基本的な知識が必要になりますが、その際に〈運動としての映像〉という出発点に立ち戻って、映像を見直すことが必要なのです。映像を映像としてとらえるためです。

スポーツ映像のなかに映像を発見すること、同時に運動という観点から映像を見直すこと、これがこの講義全体を貫く二重の視角です。それを抜きにして、スポーツ映像についての根源的な批判や深い洞察はできないし、スポーツ映像が世界で最も人気がある映像であることの秘密を解き明かすことも、スポーツ映像の未来を切り開く見方を提示することもできない。私はそう考えています。

現在のスポーツ映像は、映像文化のなかの単なる一分野、マイナーな一分野ではありません。スポーツ映像が、なぜ世界で最も多くの視聴者を引き付けるのか。それは主流の映像文化が見失ったものをスポーツ映像がもっているからではないでしょうか。それは何なのか。マイナーな分野と見なされがちなスポーツ映像こそが、映像文化の主流の見方を見直す契機になりえるのではないか。それをこの講義を通して、みなさんと一緒に考えていきたいと思っています。そのための導きの糸になるキーワードが〈運動〉なのです。

このような考え方は、私独自のものではありません。映像学でトム・ガニングやミリアム・ハンセンらが提起したいわゆる初期映画論の影響を、私は強く受けています。このような映画観や歴史観に興味がある人は、ぜひ「参考文献」に挙げている『アンチ・スペクタクル』のなかのガニングの論文「アトラクションの映画」を読んでみてください。また、映像学での初期映画論の位置については、この『アンチ・スペクタクル』の冒頭の「「想起」としての映像文化史」で長谷正人が簡潔にまとめています。

また、映像を〈運動〉としてとらえるという見方は決して主流ではありませんが、フランスの哲学者ジル・ドゥルーズの著作、特に『シネマ』という著作から影響を受けた研究者のなかから、そのようなとらえ方をする論者も出始めています。

4 メディアテクスト論

講義全体を貫く二重の視角については先に述べたとおりですが、この講義が目指しているものは、メディア研究のなかではどこに位置づくのか。この点について最後にふれておきます。

一般にメディア研究は、三つの分野に分かれます。メディアを作る側を分析する研究、すなわちメディア生産論で、対象としてはメディア産業になります。次に、メディアを視聴する側を分析する研究、すなわちメディア消費論で、そこでの対象はメディアの視聴者です。最後に、商品あるいは作品としてメディアをみるのがメディア商品論、メディア作品論、すなわちメディアテクスト論です。

批判的な考察をおこなうためには、まずメディアテクスト論から出発する必要があります。なぜなら、スポーツ映像の商品としての魅力がどこにあるのか、ほかのメディア商品とどこが違うのか、まずはそこを理解する必要があるからです。たとえばラジオというメディア商品が出てきたとき、どのように作られたのか、誰が聞いたのかを調べる前に、ラジオという商品がその時代の人々を虜にした魅力は何だったのか、新聞や映画など、ほかの先行するメディア商品とどこが違っていたのかを理解しておく必要があります。

ウィリアム・シェークスピアを理解するためには、シェークスピアの著書の出版元や観客を調べる前に、まず作品を読むことが必要です。産業論や視聴者論よりもテクスト論を先行させる必要があるのです。それは、論理的な手順というだけでなく、批判的な立場からメディアを論じ、メディアの未来を構想するためにも必要な根本的な作業なのです。ですから以降の講義では、映像をメディアテクストとして分析します。

テクストとは何か。この講義では、言語と映像、より専門的にいうと言説＝ディスクールと映像を指します。ここにもう一つ音楽を加えるという見方もありますが、議論の分散を避けるために、言説と映像に限定します。

テクスト論というのは、フランスのロラン・バルトの理論に影響されて生まれたもので、文化論、メディア論のなかでは大きな影響力をもった理論です。テクスト論の特徴の一つは、メディアを孤立したシステムと見なすのではなく、ほかのメディアとの関係のなかでみるという点にあります。ですからスポーツ映像も、言説のメディアである新聞、雑誌、書籍など、そして映像のメディアである映画、テレビ、ゲーム、ネットなどの関係でみていくことが必要になります。この講義でも、そのような関係のなかで映像をとらえていきます。

5　講義の概要

次回からの講義の概要ですが、三部構成で進めます。

まず講義2「フレーム論——クローズアップとは何か」から講義6「音響効果論」までは、〈運動〉がどのような映像技術を発展させてきたのかを、フレーム、移動撮影、編集、特殊効果、音響効果の順にみていきます。

次に講義7「スラップスティック論——走る身体」から講義9「活劇論——戦う身体」までは、〈運動〉への欲望がどのようなジャンルを発展させてきたのかを、スラップスティック（ドタバタ喜劇）、ミュージカル、活劇の順にみていきます。

講義10「ドキュメンタリー映画論」、講義11「『オリンピア』——スポーツ映像の起源」、講義12「『東京オリンピック』の可能性」では、ドキュメンタリーとその一つのジャンルであるオリンピックの記録映像を、スポーツ映像の起源とその可能性を示すものとしてみていきます。

そして最後の講義13「物語の時代のなかで――振り返りと未来への展望」では、講義全体を振り返り、スポーツ映像の現状と未来の可能性について考えます。

参考文献

ジョナサン・クレーリー『観察者の系譜――視覚空間の変容とモダニティ』遠藤知巳訳(以文叢書)、以文社、二〇〇五年
ジル・ドゥルーズ『シネマ1*運動イメージ』財津理/齋藤範訳(叢書・ウニベルシタス)、法政大学出版局、二〇〇八年
ジル・ドゥルーズ『シネマ2*時間イメージ』宇野邦一/石原陽一郎/江澤健一郎/大原理志/岡村民夫訳(叢書・ウニベルシタス)、法政大学出版局、二〇〇六年
長谷正人/中村秀之編訳『アンチ・スペクタクル――沸騰する映像文化の考古学』東京大学出版会、二〇〇三年
トム・ガニング「アトラクションの映画」、長谷正人/中村秀之編訳『アンチ・スペクタクル――沸騰する映像文化の考古学』所収、東京大学出版会、二〇〇三年
長谷正人「「想起」としての映像文化史」、長谷正人/中村秀之編訳『アンチ・スペクタクル――沸騰する映像文化の考古学』所収、東京大学出版会、二〇〇三年
マックス・ミルネール『ファンタスマゴリア――光学と幻想文学』川口顕弘/篠田知和基/森永徹訳、ありな書房、一九九四年

映像

ＶＨＳビデオ『フィルム・ビフォー・フィルム（*Film before film: Was Geschah Wsrklich Zwischen Den Bilderm?*）』監督：ヴェルナー・ネケス、ダゲレオ出版、一九九三年

『ラ・シオタ駅への列車の到着（*L'arrivée d'un train en gare de La Ciotat*）』監督：リュミエール兄弟、一八九六年（https://www.youtube.com/watch?v=NmxktCi6zoQ）［二〇二三年十二月四日アクセス］

講義2　フレーム論――クローズアップとは何か

クロースアップというのは、対象に近づく運動のことではなく、対象に投光機を向け（略）光をあてるということです。（略）なにかをスターに仕立てあげるものは、光の束なのです。だから、クロースアップは映画によって発明されたのです。

（ジャン＝リュック・ゴダール『ゴダール／映画史I』奥村昭夫訳、筑摩書房、一九八二年、八九―九〇ページ）

初めてテレビではなく生でスポーツを観戦したとき、たとえば野球場に行き、サッカースタジアムに行き、観客席に座ってスポーツを観戦したとき、私たちは大きな戸惑いに襲われます。グラウンドやピッチにいるプレーヤーの顔が観客席からよく見えないからです。いつもテレビで見慣れているピッチャーやバッターの顔、ゴールキーパーの顔、それらをスタジアムでは見ることができません。一体どこを見ればいいのか、何に感情移入すればいいのか、一瞬わからなくなる。そのとき、スタジアムでのスポーツ観戦とテレビでのスポーツ観戦は、全く異なるスポーツ体験だと気づくのです。

テレビでのスポーツ観戦の中心になる撮影技術、それがクローズアップです。英語では、「クロースアップ」が正しい発音ですが、日本語では「クローズアップ」が定着しているので、この講義ではクローズアップを使います。

今回の講義では、クローズアップとは何かについて考えてみます。クローズアップとは、第一に、フレームいっぱいに被写体を映す技術のことです。撮影技術に関する最初の講義なので、まずフレームのなかに被写体を映すときに何が起こっているのか、そもそもフレームとは何か、そこから話を始めます。

1　フレームの条件

前回の講義1「運動としての映像」では、〈運動〉という視角から映像をみていくといいましたが、その前に、そもそも映像が生まれるとき、カメラで被写体をとらえるとき、フレームのなかに被写体をとらえるとき、何を考えなければならないのか。映像が発生する条件を最初に考えて、そのあとでクローズアップについて考えていきます。

カメラで風景を撮るとき、スクリーンで映画を見るとき、すなわち映像に接するとき、私たちはフレームに接します。映像には必ずフレームがあり、被写体はフレームのなかにあります。フレームとは枠、カメラによって切り取られた空間のことです。フレームによって世界は内と外に分けられます。内と外を分ける、映された世界と映されていない世界を分断する映像の境界、それがフレームです。

いや、それは映像やカメラだけではないでしょう。人間の視界にもフレームがあるじゃないか、と思った人もいるかもしれません。確かに人間にも視界というものがあります。たとえば正面を見たまま、手を自分の正面の見える位置から上や横に動かしていけば、どこかで手の先が見えなくなる。曖昧ですが、視界があるのがわかります。しかし、そこにスクリーンのような明確な線があるわけではありません。また、私たちは視界の外を見ることができません。視界を動かすことはできますが、視界の外を見ることはできないのです。外がないから線がない。つまり人間の視覚にはフレームがありません。ところが映像にはフレームがあります。フレームの内と外を同時に見ることもできます。フレームとは映像を成立させる根本条件であり、フレームで切り取られた世界、それが映像なのです。

しかし、それはあくまでカメラという技術的制約のなかでの映像の定義です。もしカメラ以外で映像が可能になるような技術的変化が起こったら、たとえば三次元像を記録できる立体写真、ホログラムのような映像がより発達した形態で現れ、それが映像の主流になったら、また定義しなおす必要がありますが、現在の映像はいまもってカメラによって生まれていて、どれほどデジタル化が進んでいても、原理的には同じです。

被写体の選択

映像はフレームによって生まれる。それが現在の映像の出発点です。では、世界をフレームのなかに収める、すなわちカメラで撮影を始めるためには、まず何が必要でしょうか。最初にやることは、被写体の選択です。何を映すかを決めることです。

たとえば、あなたが大学に入学して、家族から「どんな大学なの？　写真送ってよ」と頼まれたとすると、あなたは何を撮るでしょうか。正門でしょうか、図書館でしょうか、授業風景、食堂、クラブ活動の風景でしょうか。ありふれた風景を撮るのでしょうか、自分が感動した風景を撮るのでしょうか。いろいろな被写体を見ていくうちに、どれを撮ったら家族が喜ぶかなと考えるかもしれません。写真を見る人の期待を考えるようになります。その期待に応えた写真を撮るのか、その期待にあえて応えない写真を撮るのか、選択する必要が出てきます。いずれにせよ、そこにあなたの大学に対する考えや感じ方、大学での過ごし方、大学観などがいや応なく表れてきます。家族への思いもです。

被写体を選択することは最初に考えなければならないことで、かつ最後まで悩み続けなければならない本質的な作業です。映像作成のアルファでありオメガです。何のために写真を撮るのか、それによって何をしたいのかを直接問われる作業なのです。それほど重要なテーマなので、本来なら被写体の選択だけで講義の一、二回分を費やさなければならないのですが、ここでは「それほど重要なのだ」ということだけを指摘して次に進みます。

構図の決定——被写体と背景とフレームの関係

被写体を選んだら、次にそれをフレームのどこに置くかを考える必要があります。いわゆる構図といわれるもので、フレームと被写体、そして多くの場合は背景との関係を考えなければなりません。多くの場合といったのは、背景がない写真、たとえば肖像写真や証明写真もあるからですが、たいていの映像には背景があります。このフレームと被写体、背景の三つの関係が構図を決定します。

映像では、この構図を多くの場合、ショットのサイズとして表します。それは大まかに、ロングショット、フルショット、ミディアムショット、バストショット、クローズアップに分けられます。分け方や言い方はほかにもいろいろありますが、一応これが標準的な分け方ではないかと思います。

ロングショットは、被写体を遠くから撮り、風景のなかに置いて撮る方法です。被写体は小さく映るので、被写体に関する情報を伝えることはあまりできませんが、たとえば公園にいる、駅のホームにいる、銃弾が飛び交う戦場にいる、葬式の最中の墓地にいるという被写体が置かれている状況を一目で示すことができます。映画の冒頭でよく使われるショットです。

フルショットは、フレームの上下にほぼ全身が入るサイズです。どんな顔をしているか、どんな服を着ているかがわかります。そこから、カメラが被写体に近づいていって、被写体の腰から上がミディアムショット、胸から上がバストショットといいます。ミディアムショットは、昔のアメリカ映画でよく使われたサイズなので、アメリカンショットといわれたこともありました。バストショットは、二人が向かい合って会話しているシーンでよく使われます。顔の表情や手などの身ぶりがわかります。

そして首から上、顔だけを映すショットをクローズアップといいます。顔だけに限らず、たとえば手だけを画面いっぱいに映すのを手のクローズアップ、銃を画面いっぱいに映すのを銃のクローズアップという言い方もします。クローズアップの効果については、あとで詳しく論じます。

もちろん、このショットのサイズは、単なる美学的な問題ではなく、被写体の意味にも影響を与えます。たとえば被写体の人物が「おはよう」と言っているシーンを、ロングショットで撮るかクローズアップで撮るかで、観客に与える印象は大きく異なります。登場人物がロングショットで「おはよう」と言っていたら、主人公と特に親しくないクラスメートの一人かなと思うかもしれません。登場人物がクローズアップで「おはよう」と言っていたら、親友かな、恋人かなと思うかもしれません。ショットのサイズによって被写体がもつ意味、物語への重要性、親近感が変わってきます。多くの場合、そういう効果を考えてショットのサイズは決められます。

構図の別の見方にアングルがあります。これにはハイアングル、アイレベル、ローアングルという分け方があります。被写体とカメラが同じ高さをアイレベル、被写体を上から見下ろすハイアングル、日本語では俯瞰という言葉をよく使います。そして被写体を下から見上げるローアングルです。アングルが被写体のイメージを変えることはよく指摘されています。男性の威圧的なイメージを表現するためにカメラを下からローアングルで撮る、女性のかわいらしさを表現するために上からハイアングルで撮るということは、現在ではほぼ紋切り型になっています。紋切り型ではありますが、たとえばアイドルの自撮りの写真が多くの場合斜め上から撮られていることをみても、いまだに効果的な手法であることがわかります。スポーツでは観客席にカメラが置かれることが多いので、俯瞰のアングルが多いです。ローアングルは、たとえばバスケットボールのリングの下でのショットでよく使われます。

レンズの選択

被写体を選んで構図も決まったら、次にレンズの種類を決めます。次に、といいましたが、レンズと焦点、照明の決定はほぼ同時におこなわれるので、時間的な順番ではありません。説明の必要上の順番だと思ってください。

カメラのレンズには、望遠レンズ、広角レンズ、標準レンズ、ズームレンズがあります。それは焦点距離の差によって決められます。この焦点距離をワンショットの間に変化させられるズームレンズというものも、現在ではよく使われます。レンズの選択によって何が変わるのかというと、被写体と背景の関係です。

たとえば見晴らしがいいビルの屋上で立っている一人の男を被写体にしてみましょう。まずは標準レンズで撮影。次に同じ距離から望遠レンズで撮影。するとこの二つの写真は、標準だと被写体は小さく、望遠だと大きく映りますね。これは不思議ではありません。そこで今度は、もう一度標準レンズに切り替えて、望遠の写真の被写体と同じ大きさになるところまで被写体に近づいて撮影してみます。どうなるでしょうか。被写体の大きさは同じですが、被写体と背景の関係は大きく違います。二つを比べてみると、望遠のほうが被写体と背景の距離が近く、後ろのビルが何倍も大きく映っています。

ここまでの講義を聞いて、説明が細かすぎると思っている人がそろそろ出てきているかもしれません。被写体の選択はわかる、ショットのサイズもわかる、でもレンズの種類なんて、写真家や撮影技師には重要かもしれないが、見る側にはほとんどどうでもいい問題じゃないのか。

確かに細かい問題です。しかし、細かい技術が意外に重大な効果をもたらしている場合があります。このレンズの問題もそうです。特にスポーツ映像の場合、望遠レンズの問題は重要です。なぜならスポーツ中継では、プレーヤーから遠く離れた場所にしかカメラを置けない場合が多く、選手を大きくとらえるために望遠レンズが多用されているからです。したがって、望遠レンズの効果を知らないと大きな勘違いが生まれる場合があります。このことを理解するために、女子マラソンの映像を紹介します。シドニーオリンピックのときのテレビ中継（NHKテレビ、二〇〇〇年九月二十四日）です。

競技が始まって二時間十八分、カメラは、スタジアムに入る直前の直線道路を走る高橋尚子とリディア・シモンを追いかけていきます。一位の高橋と二位のシモンの距離に注意して見ていくと面白いことが起こっているとわかります。最初は二人の距離がすごく接近して見えます。望遠レンズで撮っているからです。被写体が遠くにいるので望遠レンズを用い、その結果、被写体と背景、ここでは後ろにいるシモンが近くに見えるのです。しかし被写体がカメラに近づき、望遠から標準レンズに切り替わるとどうでしょう。シモンとの距離が広がったように見えます。

このあと、二人はスタジアムに入りますが、高橋がゴールした時点でのシモンとの距離は数十メートル。現実のレースではそこまで追い上げられていました。小出義雄監督も、もう一周あったら危なかったと言ったほど、このとき高橋はシモンに追い上げられていました。ところが映像のなかでは高橋はシモンを引き離しているように見えるのです。面白いのは、それまで「高橋が笑顔を浮かべているように見える」と言っていたアナウンサーが、映像が切り替わってシモンとの距離が縮まっていることに気づいたとたん、慌てて「苦しそうですね」と言い換えたことです。望遠レンズの効果を知らなかったということがわかります。

この映像のように、マラソンや駅伝では選手間の距離が近く見えることがよくあります。実際には百メートル以上離れていて、もう勝負はついている距離なのに、映像だと二十メートルくらいの距離にしか見えず、まだ何とか頑張れば逆転可能なように見える。それはカメラアングルのせいではなく、望遠レンズの効果なのです。

このような望遠レンズの効果は、ほかのスポーツ映像でもみられます。たとえば野球です。野球でピッチャーとバッターを映す場合、カメラは百メートル以上離れた外野席から撮っています。もちろん望遠です。するとピッチャーとバッターの距離がとても近く見えます。十八メートルもあるように見えない。距離が短く見える。でも投げてからキャッチャーミットに届くまでの時間は変わらない。そうするとピッチャーの球がとても遅く見えます。百三十キロのカーブが、山なりの遅い球のように見えてしまう。実際の百三十キロのボールは、生命の危険を覚えるほどのスピードですが、映像ではその速さは伝わらない。あんな球俺だって打てると思わせる、素人がプロ野球選手を小ばかにできるような映像になってしまうわけです。

焦点

次に焦点。これは被写体が鮮明に見える範囲を指します。専門用語で「被写界深度」といったりします。焦点の当て方には、大きく分けて、ディープフォーカスとシャローフォーカスがあります。フレーム全体に焦点が鮮明に当たって被写体も背景も鮮明に見えるのが、ディープフォーカス。オーソン・ウェルズが『市民ケーン』（一九六六年）のなかで用いて有名になりました。それに対して、被写体だけに焦点が当たって背景はぼやけているのをシャローフォーカスといいます。

図2-1　『インタビュー・ウィズ・ヴァンパイア』
（出典：DVD ビデオ『インタビュー・ウィズ・ヴァンパイア』ワーナー・ホーム・ビデオ、2000年）

焦点の効果がよくわかるシーンを一つ挙げましょう。映画『インタビュー・ウィズ・ヴァンパイア』（監督：ニール・ジョーダン、一九九四年）で、アントニオ・バンデラス演じる吸血鬼アーマンドがブラッド・ピット演じる吸血鬼ルイに向かって、仲間にならないかと口説いているシーンです。このシーンでは、途中で焦点が移動します。注意して見てみるとわかります。アーマンドが口にした「レスタト」というのは吸血鬼の名前で、ルイを噛んで吸血鬼にした男、ルイが思いを寄せている男の名前です。アーマンドが奥のほうで口説いているとき、焦点はしゃべっているアーマンドではなく、手前のルイに合っていますが、アーマンドが「レスタト」という名を口にしたら急に焦点がアーマンドに移動します（図2―1）。なぜこんな焦点の当て方をするのでしょうか。

もしもディープフォーカスにして、画面全体に焦点を当てたとすると、アーマンドがしゃべっている間は、観客はアーマンドのほうをずっと見ることになります。なぜなら、しゃべっている人のほうを人は見るものだからです。ところがシャロウフォーカスを使ってルイに焦点を当てると、人の視線は焦点があったルイのほうにいきます。なぜなら、人はぼんやりしたものではなく、はっきりしたものに視線が向くからです。焦点の効果に注意して見てみると、このシーンで見てほしいのは、口説いているアーマンドではなく、口説かれても、なんか気が乗らないなあと上の空のルイのほうだという監督の意図がよくわかります。そして、「レスタト」という言葉をアーマンドが口にしたとたん、焦点がアーマンドにいく。「あれ？　レスタトを知ってるの？」というルイの心の変化がわかるわけです。

このように焦点は、人の視線を誘導できます。いまどこを見てほしい、という監督の意図が明確に表れます。もちろん、監督の意図を全く感じられない焦点の使い方をしている映画はいっぱいありますし、むしろそっちのほうが多いかもしれませんが、焦点に注意して映像を見てみるのも、作り手の目になって映像をとらえることができる一つの重要な方法なのです。

照明

フィルムに画像を定着させるには、ある程度の光の量が必要です。照明という作業は、そういう技術的必要から生まれたのですが、のちに様々な効果が発見されていきます。照明によって被写体の感情や画面の雰囲気を作れるということも、その一つです。照明は「影の主役」と呼ばれることもあります。主人公が演技などしなくても照明で感情を表すことができるからです。

照明の役割がよくわかる作品として、デヴィッド・グリフィス監督の『東への道』（一九二〇年）が挙げられます。主人公のアンナを演じているのは、リリアン・ギッシュという「世界の恋人」といわれたサイレント時代を代表する女優です。彼女が親戚の金持ちの家に金の無心にいったとき、ちょうど舞踏会が開かれていて、そこで女たらしの悪い男に言い寄られ口説かれるというシーンがあります。

このシーンでクローズアップが何度か用いられています。クローズアップで光が背後から強烈に当てられていることがわかります。そして背後からの光だけだと正面の顔が真っ黒になってしまうので、正面から弱い光が当てられている。そうすると、このシーンのような、上気したような表情が、王女様のようだと言われて赤くなっている表情が浮かび上がってくるのです（図2—2）。

図2-2 『東への道』
（出典：DVD ビデオ『東への道（淀川長治総監修世界クラシック名画100撰集）』アイ・ヴィー・シー、2014年）

グリフィスは、クローズアップを発見したといわれているサイレント初期の偉大な監督です。もちろんクローズアップという技法は、個人の発明というよりも、同じ時代の映画人の集合的な努力のなかから生まれてきたとみるのが妥当ですが、グリフィスが大きな役割を果たしたことも事実です。グリフィスはここで顔を大きく映すだけではなく、顔に照明を当てることでクローズアップを表現しているのです。クローズアップとは光を当てることで誕生したのです。

以上で、フレームを成立させる条件を五つみてきました。被写体、構図、レンズ、焦点、照明です。これらのことを考えたうえで映像は生まれます。もちろんこれだけですべてというわけではありません。もっと細かい技術的問題はいっぱいありますし、色についても論じていません。しかし、いまみてきた五つの条件は、撮るときに考えなければならない条件であると同時に、映像を見るとき、フレームのなかやスクリーンのなかを見ればすぐにわかるものであり、私たちが監督の意図を読み取ったり、批判的な分析をするための有力な手がかりになるものです。

2　クローズアップの効果

では次に、今回の講義の最初にふれた「クローズアップ」について考えてみましょう。クローズアップとは、被写体、特に顔をフレームいっぱいに映すと同時に、そこに光を当てる技術のことです。それはどのような効果をもっているのでしょうか。

現在、クローズアップとは、まず「スター」の証明として使われます。クローズアップされるのは重要人物である証拠であり、最も重要な人物とは主役、スターであるわけです。少し前まで、映画の撮影中にクローズアップの数を競って俳優同士がいがみ合うという話をよく聞きました。あいつよりも俺のほうがクローズアップが一回少ない、納得いかない、とかいう類いの話です。クローズアップが、映画界のなかでもつ意味を示す面白い逸話です。

また、クローズアップは重要なものを指し示す役割があります。それを使えば、映画のなかで、登場人物にはわからない秘密を観客にはわかるように提示することもできます。たとえば、登場人物が財布を探しているシーンで、カメラがベッドの下に寄っていき、そこに落ちている財布をクローズアップするという手法です。登場人物にはわからない財布の場所を観客は知ることができるのです。

現在使われているこのようなクローズアップの効果は、最初からあったわけではありません。歴史的・社会的に変容して、現在のような使われ方になっていきました。最初はどのように使われていたかというと、トリック映像のなかで人を驚かすために使われていました。初めて映画を見た観客にとって、人間の顔だけが「大写し」になるという映像はとてもインパクトがあったのです。それまで肖像画のなかで人の顔だけという画像は見慣れていたとしても、その顔が数メートルの大きさで目の前に現れる、しかもそれが動いているという映像は衝撃的だったのです。このような、ある意味で奇形的な印象を与える手法、それが初期映画の時代のクローズアップでした。

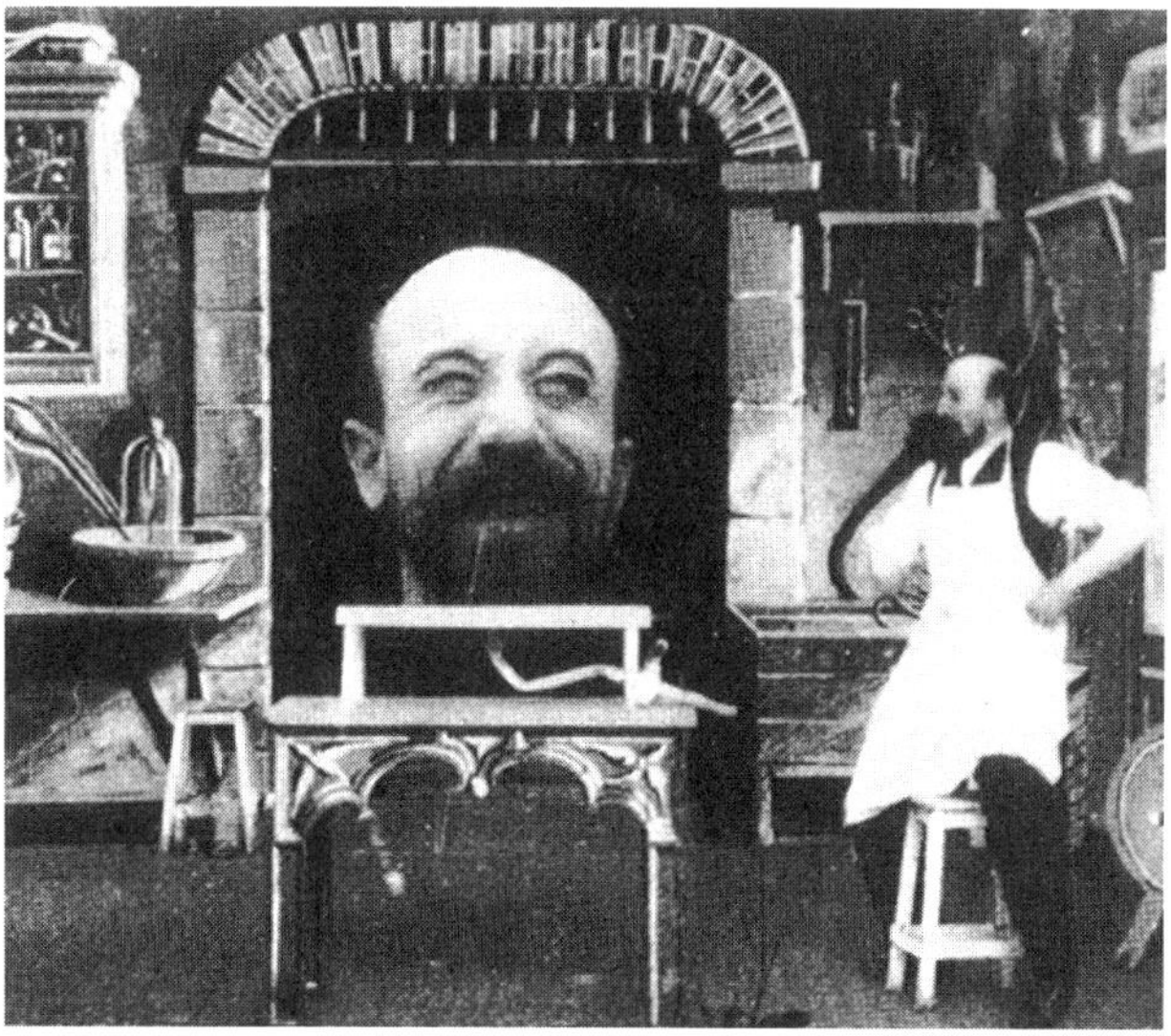

図2-3 『ゴム頭の男』
（出典：「The India Rubber Head - Georges Méliès (1901)」「YouTube」〔https://www.youtube.com/watch?v=5DExmCKwQ8o〕［2023年12月4日アクセス］）

そのころのクローズアップの使い方を示す映像の一つが、フランスのジョルジュ・メリエスの一九〇一年の作品『ゴム頭の男』です。メリエスの作品は、この講義でもこれから何本か紹介することになりますが、彼はリュミエール兄弟が映画界から撤退したあとにそれを引き継ぎ、リュミエール兄弟とは全く異なる映画を撮り始め、映画の可能性を開花させたきわめて重要な人物です。『ゴム頭の男』では、ふいごで空気を入れていくと男の頭がどんどん膨らんで大きくなっていくというシーンがあります（図2―3）。二つのフィルムを重ねて作成したものですが、これがそのころのクローズアップの使い方なのです。

それがその二十年後、一九二〇年代になると、先ほど紹介したグリフィス監督の『東への道』のように、照明を使った現代的なクローズアップの手法が登場します。映画の古典的な文法（決まりごと）が、『ゴム頭の男』の二十年後には成立するのです。

クローズアップに関して、映画史のなかでグリフィスとともに重要なもう一人の作家がいます。それが、カール・ドライヤーです。デンマーク出身のドライヤーは、独自の映像を作り上げたきわめて重要な作家です。ぜひ覚えておいてほしい作家の一人ですが、なかでも彼の映像の特徴といわれているのがクローズアップの使い方です。グリフィスによって生まれたクローズアップが、ドライヤーによって頂点に達します。そのクローズアップが使われているのが『裁かるるジャンヌ』です。裁判にかけられているジャンヌ・ダルクの一日を描いた作品で、一九二八年のサイレント映画です。神の言葉を聞いたと主張したのは嘘だったと言いなさい、嘘でしたという文書に署名しなさいと、ジャンヌ・ダルクが教会の人たちに責められているシーンです。

変わった映画だなあ、というのが正直な感想ではないでしょうか。なぜそう感じるのか。それは、誰がどこにいるのか、わからないからです。普通の映画だと、まず全体を映して誰がどこにいるかを説明してから、しゃべっている人、あるいは出来事を追っていきます。ところが、このシーンでは、しゃべっている人をカメラが追っ

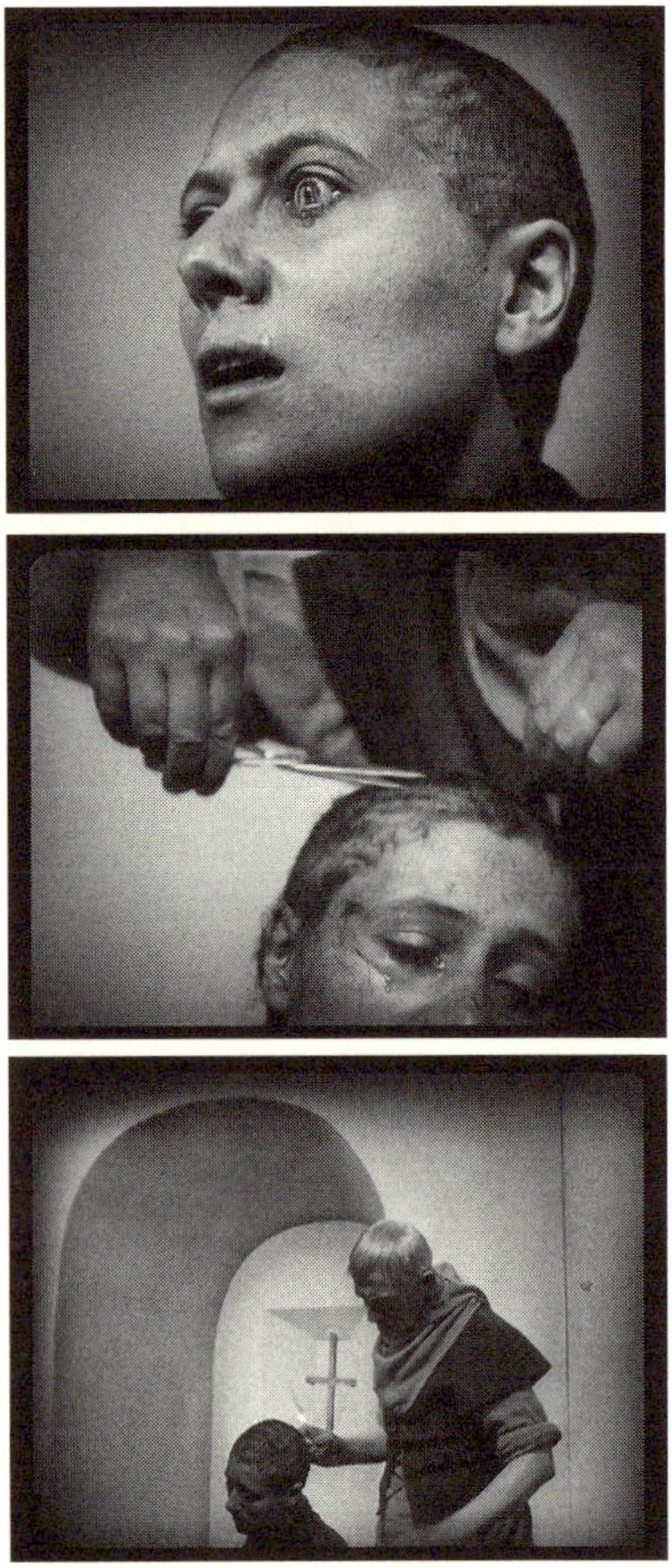

図2-4　『裁かるるジャンヌ』
（出典：DVD ビデオ『裁かるるジャンヌ』紀伊國屋書店、2005年）

ていきますが、それぞれがどこにいるかわかりません。普通の撮り方をあえてしないことで、しかもクローズアップを多用することで、不安で異様な緊迫感が伝わってきます。

しかし、このジャンヌが出てくるシーンで、クローズアップでないところがいくつかあります。たとえば、ジャンヌが命の惜しさに虚偽の証言をして、髪を刈られるシーンです。そのときジャンヌは、床屋と一緒に映っていますが、王冠らしきものを目にしたとたんに前言を撤回し、私はやはり神の言葉を聞いたのだと主張しはじめ、それとともにまたもとのようにクローズアップで映されるようになります（図２―４）。

ここでのクローズアップの使い方は、ジャンヌが神の言葉を信じたときがクローズアップで、信じなくなったらクローズアップでなくなるというものです。また、このシーンで全体が映らないのも、ジャンヌだけが神の言葉を信じていて、ほかの人と同じ空間に生きていないからです。周りの世界から全く隔絶した世界を表現しているのが、ここでのクローズアップなのです。

被写体を輝かせる手法として生まれたクローズアップが、逆に被写体が被写体以外の世界から隔絶していることを強調する手法になる。誤解を恐れずにいえば、ここでクローズアップは「内面性」を手に入れたのです。

３　スポーツ映像とクローズアップ

都市の夜を彩る光の空間、その一つは野球場です。野球場のカクテル光線、それは都市のネオンとは異なる人工的な空間です。野球場には影がありません。四方八方から光を当てて影ができないように作られています。なぜ、あれだけの強烈な光が必要なのか。それは夜の試合を観客が見るためではありません。テレビカメラのためです。なかんずくクローズアップのためなのです。どこから撮っても顔に光が当たるための照明、それがカクテル光線です。かつての野球は、昼間太陽の下でおこなうものでした。クローズアップがスポーツの風景を変えたのです。

スター選手を作り、スター選手の内面に共感させる、それがクローズアップの効果です。クローズアップはスポーツを内面化させました。クローズアップに慣れた私たちが、スタジアムに行って戸惑うのも無理もありません。映像空間とは違う空間だからなのです。もちろんスタジアムが本当の空間で、映像が偽の空間だといいたいわけではありません。両方とも本当の空間なのです。ただ、違う空間であると意識すること、これがスポーツ映像の分析にとって必要です。

映像のなかでクローズアップが使われるとき、誰が何回クローズアップされるのか、クローズアップの前と後にはどんなショットをつないでいるか。それらを分析していくことは、スポーツ映像を解読していく際の重要なポイントになるはずです。同様に、構図、レンズ、焦点などの分析も有効にちがいありません。ぜひやってみてください。

今回の講義ではフレームを成立させる主要な条件を考え、それをもとにクローズアップとは何かについて考えてみました。次回からは〈運動〉にテーマを移し、まずは移動撮影について考えます。

参考文献

ジェイムズ・モナコ『映画の教科書——どのように映画を読むか』岩本憲児/内山一樹/杉山昭夫/宮本高晴訳、フィルムアート社、一九八三年
スティーブン・D・キャッツ『映画監督術——SHOT BY SHOT』津谷祐司訳、フィルムアート社、一九九六年

映像

『シドニー・オリンピック 女子マラソンのテレビ中継』NHKテレビ、二〇〇〇年九月二十四日

『インタビュー・ウィズ・ヴァンパイア（*Interview with the Vampire: The Vampire Chronicles*)』監督：ニール・ジョーダン、一九九四年

『東への道（*Way Down East*)』監督：デヴィッド・グリフィス、一九二〇年（https://www.youtube.com/watch?v=VtcaL63nnUc）［二〇二三年十二月四日アクセス］

『ゴム頭の男（*The India Rubber Head*)』監督：ジョルジュ・メリエス、一九〇一年（https://www.youtube.com/watch?v=5DExmCKwQ8o）［二〇二三年十二月四日アクセス］

『裁かるるジャンヌ（*La passion de Jeanne d'Arc*)』監督：カール・ドライヤー、一九二八年（https://vimeo.com/60750764）［二〇二三年十二月四日アクセス］

講義3　移動撮影論

映画づくりというのは、まず第一にエモーションをつくりだすこと、そして第二にそのエモーションを最後まで失わずに持続するということにつきる。
（アルフレッド・ヒッチコック／フランソワ・トリュフォー『定本 映画術（改訂版）』山田宏一／蓮實重彥訳、晶文社、一九九〇年、一〇〇ページ）

前回は、フレームのなかに被写体をとらえるときに何を考えなければならないかという、映像の基礎的条件について考え、その次にクローズアップについて考えてみました。今回の講義のテーマは移動撮影論です。運動と映像技術について考えていきます。

1　映像における〈運動〉とは

〈運動〉の定義

ではまず、運動とは何でしょうか。ここで、映像での運動のとりあえずの定義をしておきます。

映像における運動とは、フレームと被写体に生じる位置的変化とそれによるイメージの情動的変化である。

前半の「フレームと被写体に生じる位置的変化」というのは位置を問題にしていますから、物理学的な、もっといえば数学的な定義です。これはわかりやすいと思います。後半の「それによるイメージの情動的変化」は見ている側の心理的な変化で、こちらはちょっと難解なので説明が必要だと思います。

そもそも学問の歴史のなかで運動というのは理解不能なもの、論じられないものとされていました。その代表がギリシャ哲学のゼノンのパラドックスという考え方です。飛んでいる矢は一瞬一瞬は止まっているのだから、飛んでいる矢は飛んでいないというパラドックス。あるいはアキレスと亀のパラドックスです。長い間、運動というのは理解不能なものとされていました。

それに対して運動を数学的に表現しようとする試みが登場します。その代表がガリレオ・ガリレイです。ガリレイは大砲の砲弾の運動を数学的に分析し、それが放物線を描くことを発見しました。そこから近代科学が発生します。ですから現代では、運動は数学的に理解するのが基本的発想です。スポーツを統計学的に理解することも数学的理解の変種です。

でも、運動には別の側面があるのでは、と考えた人が出てきます。フランスのアンリ・ベルクソンやドゥルーズなどの哲学者たちです。ドゥルーズは彼の著書『シネマ1＊運動イメージ』の冒頭で、運動と運動が通過した空間とを混同してはならない、通過された空間は過ぎ去っていて、運動は現前しているといっています。つまり数学的に理解することができた運動とは、運動が通過したあとの空間であり、運動を分析してはいない、運動は分析不可能なものだ、とギリシャ哲学の再来のようなことをいっています。

では、運動は把握不可能なものなのでしょうか。ここに運動を把握する一つの手がかりがあります。フランスの心理学者アンリ・ワロンの「運動は外化された情動である」という理解です。情動とは、喜び、怒り、恐れ、悲しみなどの感情、人間の心理のことです。ワロンは、人間は生まれてから一歳くらいまで、まず情動を発達させる、その次に一歳から三歳くらいまで身体運動を発達させる、そして三歳から本格的に言語機能を発達させるといいます。つまり人間の運動の発達にはそれに先行する情動が密接に関わっていて、「運動は外化された情動」という関係にあると彼は考えたのです。

この理論は、映画やスポーツの運動の理解に大きなヒントを与えてくれます。先に挙げた運動の定義の後半部分「それによるイメージの情動的変化」は、この理論に触発されてたどり着いた思索途上の定義です。

このように映像での運動を「フレームと被写体に生じる位置的変化」と数学的にとらえるとともに「それによるイメージの情動的変化」と定義することは、近代科学的・数学的運動観と心理学的運動観を合わせたものということになります。

定義の説明——映画『恋愛小説家』を例に

この定義を説明するために、ジェームズ・ブルックスによる一九九七年のアメリカ映画『恋愛小説家』のあるシーンを取り上げます。この映画の主人公ジャック・ニコルソンが演じている恋愛小説家は、非常識で性格が悪くて口も悪い、どうしようもない人物です。その主人公がある女性に恋をします。そしてその女性と食事をすることになり、女性はそれなりの格好をしてきますが、主人公は無頓着なので普段着で来て、案の定店側から入店を拒否される。普段ならそこで怒って帰るんですが、そうはしません。女性を店に待たせて、服を買ってから店に戻ってきて、女性に告白するんです。

よかった、よかったという結末なのですが、実はこのシーンに移動撮影が使われています。一見テーブルに座って会話しているだけのように見えるので、かなり注意深く見ないと気づかないのですが、カメラが移動しながら被写体を撮影しているのです。機嫌を損ねた女性が、自分のことを褒めてくれと言っているのに、主人公はあの夜の出来事以来薬を飲み始めたんだよと、訳がわからないことを言います。女性はちょっとイラッとして、何言ってるのかしら、またからかってるのかしら、私怒ってるんだけど、という態度をとっている。そこで主人公が、もっといい人間になろうと思ったんだ、君と出会って人生をやり直そうと決めたんだ、と告げる。それを聞いて、女性は心をつかまれます。そのときです。カメラが女性のほうにゆっくりと、じわじわと寄っていきます（図3―1）。そのときのカメラの運動に注意して見ると、カメラが動き始めるとき、ここだよと指示します。そしてカメラの動きとともに、女性の感情が高まるのが表現されています。運動が情動を生み出しているのです。運動を意識させないほどゆっくりした運動であるがゆえに、逆に情動が際立つわけです。

　こういう手法は、よく使われます。映画『恋愛小説家』が生み出した独自の手法ではありません。誰でも使う手法です。この監督はそれをうまく使ったにすぎません。運動が情動をもたらすことは、現在の映像世界の共通感覚、常識になっています。見ている私たちのなかでも、カメラが動くと情動が生まれるのです。

　この運動と情動の関係、モーションとエモーションの関係、これが運動の秘密であり、魅力の源泉です。では、情動とは何か、運動と情動とはどう関係しているのか、情動と運動の数学的理解とどう関係するのか。それらは、はっきりと理論的に把握されていません。でも、それが重要なことは多くの映像作家が気づいています。たとえば、今回の講義の冒頭に引用したアルフレッド・ヒッチコックです。

　私たちができることは、先に挙げた映像での運動についてのとりあえずの定義から出発して、運動に

図3-1　『恋愛小説家』
（出典：DVD ビデオ『恋愛小説家』ソニー・ピクチャーズ・エンターテインメント、2007年）

ついてわかっていることを一つひとつ確認していくことです。そしてそのときの導きの糸の一つが情動であるということです。

映像のなかで生まれる運動には、①被写体の移動によって生まれる運動、②カメラの移動（移動撮影）によって生まれる運動、③編集によって生まれる運動、④特殊効果によって生まれる運動、⑤音響効果によって生まれる運動があります。

一番目の被写体の移動によって生まれる運動は明快だと思います。たとえばダンスとかスポーツとか、被写体そのものが運動している場合は説明は不要だと思いますので、ここからは二番目の移動撮影、つまりカメラが移動しながら被写体を撮影することによって生まれる運動について詳しくみていくことにします。三番目以降の編集、特殊効果、音響効果と運動の関係については、次回以降の講義で取り上げます。

2　移動撮影の種類

カメラに備わった移動撮影

移動しながら被写体を撮影する移動撮影にはどのようなものがあるでしょうか。

まず、カメラそのものに備わった移動撮影があります。カメラを三脚のような台に据え置いて、カメラ本体は動かさず、カメラの首を左右に水平に動かすこと、これをパンといいます。最もよく使われる移動撮影の一つです。ちなみにパンの語源は、パノラマです。同様に、カメラ本体は動かさず、カメラの首を上下方向に垂直に動かすことをティルトといいます。パンアップやパンダウンという場合もあります。そして左右に回転することをロールといいます。

現代のカメラはズームが可能です。ズームとは、ワンショットの間に、すなわち連続した映像の間に、カメラの焦点距離を変えることで、望遠から広角、広角から望遠へ変化すること、これをズームイン、ズームアウトといったりします。このズームは、カメラ本体は動かさなくても、カメラを動かして被写体に近づく移動撮影と同じ効果を生み出せるので、移動撮影と同種の技術ということができますが、両者には重要な違いがあります。ズームで被写体に近づく場合と、カメラを動かして被写体に近づく場合では映像が異なり、ズームの映像のほうにはゆがみが出るのです。特にフレームの周囲の遠近法がゆがみます。世界がゆがむ感じが起こるのです。それに対して、移動撮影の場合は、遠近法が崩れることなく自然に近づいていきます。

カメラと移動装置との結合によって生まれる移動撮影

次に、カメラをほかの移動装置に載せる移動撮影です。

最も一般的なのが、カメラを車両に載せる移動撮影です。車トラベリングといったりトラッキングといったり、また車両そのもののことをドリーということがあるので、移動撮影そのものもドリーといったりします。言い方は様々です。撮影現場でよく使われるのは、図3―2と図3―3のような車両で、この車両にカメラと撮影スタッフを乗せて移動させます。人の手で動かすこともあれば、動力を用いることもあります。現在では撮影スタッフが乗らないカメラだけの移動撮影も増えています。また、レールを使うもの、使わないものがあります。本当の自動車、トラック、オートバイにカメラを載せる場合もあります。リュミエール兄

図3-2　ドリーで撮影中のレニ・リーフェンシュタール監督
（出典：「レニ・リーフェンシュタール」「映画.com」〔https://eiga.com/person/80190/gallery/〕［2023年12月4日アクセス］）

弟は機関車の先頭にカメラを載せて移動撮影をおこないました。車両の種類や動かし方は様々ですが、前後左右に動く点では同じです。

移動撮影で有名なのは、一九一四年のイタリア映画『カビリア』(監督：ジョヴァンニ・パストローネ)という作品で、映画史のなかで移動撮影の可能性を広げた作品といわれています。『カビリア』は、移動撮影だけでなく、セットや照明に工夫を凝らした、それまでの映画にはなかった大スペクタクル映画で、これに衝撃を受けたアメリカのグリフィスがのちに『イントレランス』(一九一九年)という大作を作り上げます。グリフィスはそのなかで、スピード感あふれる移動撮影のシーンを作っています。

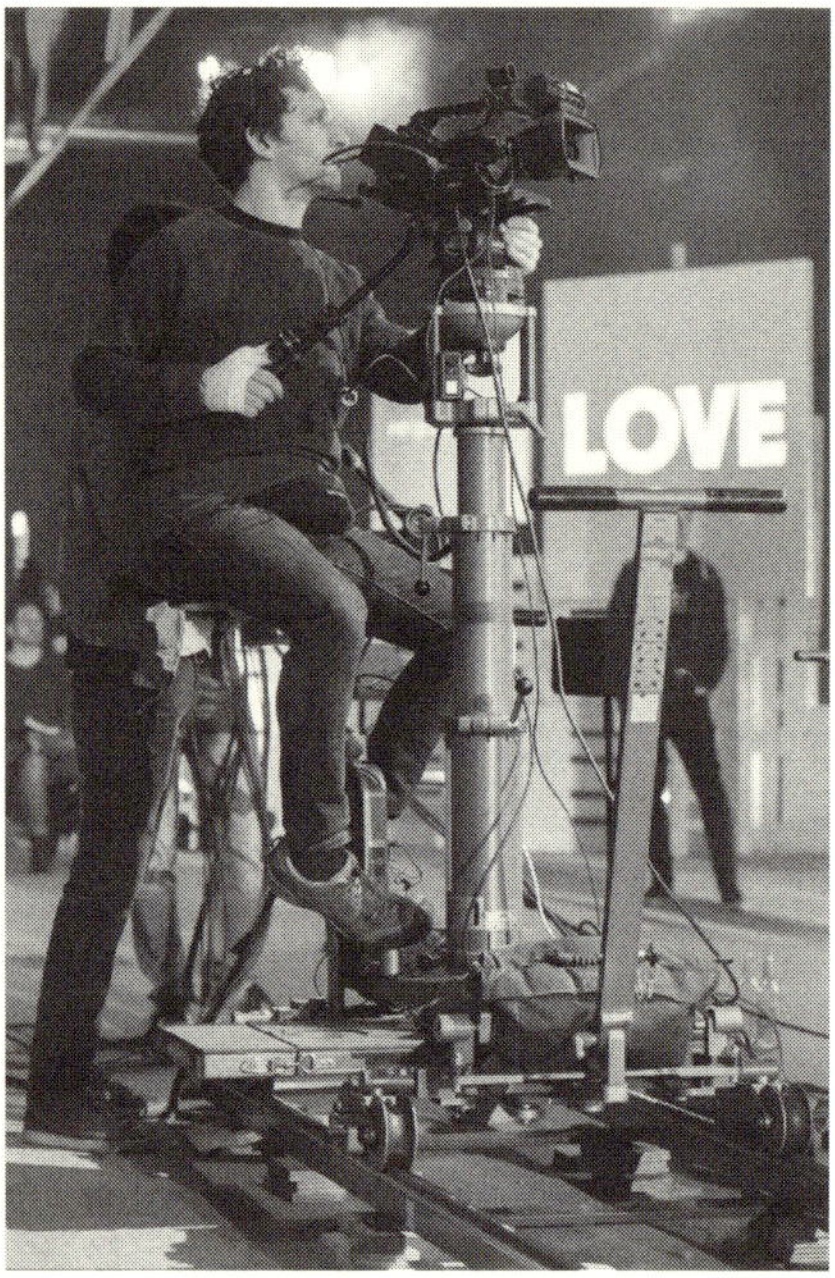

図3-3　現在のドリー
(出典：「Camera dolly」「Academic Accelerator」〔https://academic-accelerator.com/encyclopedia/jp/camera-dolly〕[2023年12月4日アクセス])

車両の一種ですが、カメラをクレーンに載せるクレーン撮影も、よくみられる移動撮影です(図3―4)。クレーンは前後左右に加えて上下方向に移動します。さらに空中の移動撮影では、飛行機やヘリコプターが用いられます。映画の初期から気球や飛行船から撮影した映像はありましたが、飛行機が第一次世界大戦で注目されると早速映像に持ち込まれ、スピード感あふれる移動撮影がおこなわれるようになります。その先駆的作品が第一回アカデミー賞を取った一九二七年の『つばさ』(監督：ウィリアム・ウェルマン)です。また、朝鮮戦争でヘリコプターが登場したときも、映画界はそれをすぐに導入します。そのなかの一本が、五五年の『ピクニック』(監督：ジョシュア・ローガン)です。宇宙時代になるとロケットにカメラが搭載され、また現在ではドローンの撮影が一般化しつつあります。

このように新しい移動装置が登場すると、それと結合することによって、映像文化は多様な映像と運動感覚をもたらしてきました。

その一方で、こうした機器の発展に対抗するようにして、人間がカメラを持って移動する移動撮影も登場します。ハリウッドでよく使われたミッチェルカメラのような映画カメラは、重すぎてとても人間が運んで撮影できるものではありませんでした。しかし、一九五〇年代末にアリフレックス社がカメラの小型化に成功し、六〇年代になると一部のドキュメンタリー作家やフランスのヌーベルバーグの作家たちは、それを映画作りに積極的に導入します。小型カメラなので画面にブレが生じるのですが、それがある種のリアルさを生み出したのです。それがちょうど、アメリカ国内で少数の映画会社による独占状態が崩壊した時期でもあったので、人間による手持ちの移動撮影の映像は、新たな映像世界を予感させるものになりました。

図3-4　クレーン
（出典：「Camera shot」「Academic Accelerator」〔https://academic-accelerator.com/encyclopedia/jp/crane-shot〕［2023年12月4日アクセス］）

一九七〇年代になると、手持ちの移動撮影の世界に新たなテクノロジーが導入されます。それをもたらしたのは、手持ちの撮影によって生じるブレを抑えるスタビライザー（安定器）を搭載したカメラの開発です。現在のスポーツ中継でも使われているようなカメラです。これは従来の車両を用いた移動撮影と、手持ちカメラによる移動撮影のちょうど中間のような、新しい映像世界を生み出しました。最初に使用されたのは七六年の『ウディ・ガスリー　わが心のふるさと』（監督：ハル・アシュビー）です。

以上が、映画のなかでよく使われてきた移動撮影ですが、現在ではカメラの小型化や通信技術の発達によって、カメラに撮影スタッフがついてファインダーをのぞく必要がなくなり、移動撮影の可能性がさらに広がっています。

3　移動撮影が生み出す効果

運動の表現

移動撮影によってどのような効果が生み出されるのでしょうか。

第一は、運動の表現です。つまり、被写体や風景の運動にアクセントをつけて表現できるようになることです。たとえば、人物二人が教室から出て、廊下で話しながら歩いていき、それをカメラが追うシーンでは、フォローイングショットやトラッキングショットと呼ばれる移動撮影がよく用いられます。特別な動きだけではなく、日常的な動きを表現する場面でも広く使われています。

移動撮影にとっての記念碑的な作品が、最初の回の講義でも紹介した一八九六年のリュミエール兄弟の作品『ラ・シオタ駅への列車の到着』です。この作品の魅力は、カメラを移動させることで生まれた、こちらに迫ってくる列車の迫力、観客が驚いて逃げ出したというほどの運動感にあります。リュミエール兄弟は、ラ・シオタ駅だけではなく、いろいろな駅に到着する列車の映像を撮っています。人気があったからです。そしてリュミエール兄弟は、会社の社員を世界中に派遣して動く映像を撮らせます。日本にも社員がやってきて、いろいろな映像を集めていきました。日本の駅に到着する列車の映像もあります。

そしてある社員が、動くものを撮らなくても、乗り物に乗っているとき、カメラを回せば運動が撮れるということに気づきます。こうして生まれた作品が一八九六年の『船から撮影された大運河のパノラマ』です。この作品を見ると、船で旅行しているような感覚になると思います。さらにこれにヒントを得て、当時もっと一般的だった鉄道列車の先頭にカメラを置いて移動撮影をするようになります。リュミエール兄弟の『鉄道トンネル通過』（一八九八年）です。これが大人気になり、二十世紀初頭にアメリカではヘイルズ・ツアーズというアトラクションが一時期大人気になりました。映像によって生まれる疑似旅行感覚を生かした疑似列車旅行装置で、これが全米の遊園地などに置かれるようになりました。

場面転換の手法

このように被写体や風景の運動を表現する手法として登場した移動撮影は、さらに場面の転換を表現する手法として、新たに用いられるようになります。その最も有名なものが、オーソン・ウェルズの一九五八年の作品『黒い罠』です。

その冒頭部分は、時限爆弾のクローズアップに始まり、それが駐車場の車に仕掛けられる。そしてその車が駐車場を出て町の大通りを進んでいく。そのうち車はフレームアウトし、画面から出ていく。次にカメラは主人公と思われる二人の男女を追う。二人が国境検問所に入ると、先ほど時限爆弾を仕掛けられた車が再びフレームインしてくる。そして車が先に出発して二人がキスした瞬間、爆発が起こる。ここまで画面は切れずに続いています。

いわゆるワンシーン・ワンショット、あるいはワンシーン・ワンカットといわれる技法です。このワンシーン・ワンショットが、クレーンを用いた移動撮影で表現されています。駐車場、大通り、国境検問所と場面が変わっていきますが、画面は切れずに移動撮影でつながっています。場面の転換と画面の連続が、空間の転換と連続が、移動撮影によって表現されているのです（図３―５）。

そこでつながっているのは、いつ爆発するのかという緊張感です。もし画面が場面ごとに切れていたとしたら緊張感は断ち切られてしまうでしょう。画面が切れずにつながっているからこそ、爆弾に対する緊張感は持続す

図3-5　『黒い罠』
（出典：DVD ビデオ『黒い罠』ジェネオン・ユニバーサル・エンターテイメント、2012年）

るのです。そして、この持続を可能にしたのが移動撮影なのです。

心理的変化の表現

ヒッチコックの『めまい』

さらにアルフレッド・ヒッチコックは、『めまい』という一九五八年の作品で、現在ドリーズームと呼ばれている、カメラのドリーとズームを同時に使うという手法を初めて用いました。そのシーンとは、高所恐怖症の男が長い階段を上っていってふと地面を見ると、地面がすーっと遠ざかっていくように見える、その男が見た視覚的風景を映像化したものです。

ジェームズ・スチュアート演じる主人公は、高所恐怖症の男です。彼は元警察官でしたが、犯人を追跡しているとき同僚がビルから墜落して死んでしまい、それがショックで高所恐怖症になり、警察を辞めてしまいます。辞めて失意の底にあるときに、友人が訪ねてきて、妻が最近不審な行動をとっている、もしかしたら自殺した女性の亡霊に取り憑かれているのではないか、調べてくれないか、と頼まれます。半信半疑のまま主人公はキム・ノヴァック演じる友人の妻の尾行調査を始めます。そして彼女を追っていくうちに恋心を抱き、二人は恋に落ちるのです。ある夜、彼女が主人公の家を訪れ、悪夢に惑わされていることを告げます。主人公はその悪夢の場所が、彼女に取り憑いている亡霊がかつて自殺した場所だと気づき、彼女を救うためにその場所、郊外の教会につれていきます。ここで、主人公が階段から床をのぞき込むところがドリーズームで撮られています。

ヒッチコックは、このめまいの感覚、風景が自分から遠ざかっていく感覚を映像化するのに十五年かかったといわれていますが、トラベリングとズームを同時に使う、しかも逆方向の運動を同時に使うという発想は、移動撮影の可能性を大きく広げました。このドリーズームという手法は、『めまい』の英語原題であるバーティゴの名前をとって、バーティゴと呼ばれることもあります。

スピルバーグの『ジョーズ』

ヒッチコックが、恐怖を感じている人物が見た視覚的風景を表現するためにドリーズームを用いたのに対して、スティーブン・スピルバーグは、それを逆転させて、恐怖を感じている人物を被写体にしてドリーズームを用いました。それが一九七五年の作品『ジョーズ』です。現在のドリーズームの主流は、スピルバーグの用法です。

スピルバーグ流のドリーズームが用いられているのは、海水浴場にジョーズが現れるシーンです。ここで、主人公の保安官が、海水浴場で見張りをしています。彼は前日、女性がサメに襲われたと連絡を受けて海水浴場を閉鎖しようとするが、市長をはじめ、お偉方から圧力がかかる。サメが出たとうわさになったら町の経済は大打撃だ、これから書き入れ時なのに閉鎖なんてとんでもない、と批判される。しかもサメに襲われたのではなくてあれは船のスクリューのせいだと、検視官も丸め込まれている。説得されて、保安官は海水浴場を開く。しかし、保安官は内心では納得していない。俺は圧力に屈したのじゃないか、本当はやはりサメはいるんじゃないか、という不安に思いながら監視している。そこにサメが現れ、子どもが襲われて、保安官が「しまった」「やっぱり来た」と思っているシーンです。また、子どもが襲われる直後のシーンでもスピルバーグ流のドリーズームが使われています。

カメラが保安官に近づくのとズームの二つの運動が同時に起こることで、保安官の情動の劇的な高まりが表現されています（図3―6）。予想していたことが、あるいは予想以上のことが起こってしまったという切迫感、緊迫感、一気に血が上る感じと、逆に一気に血が引いていく、世界から遠ざかる感覚を同時に表現する手法として、独自のドリーズームを用いたのです。

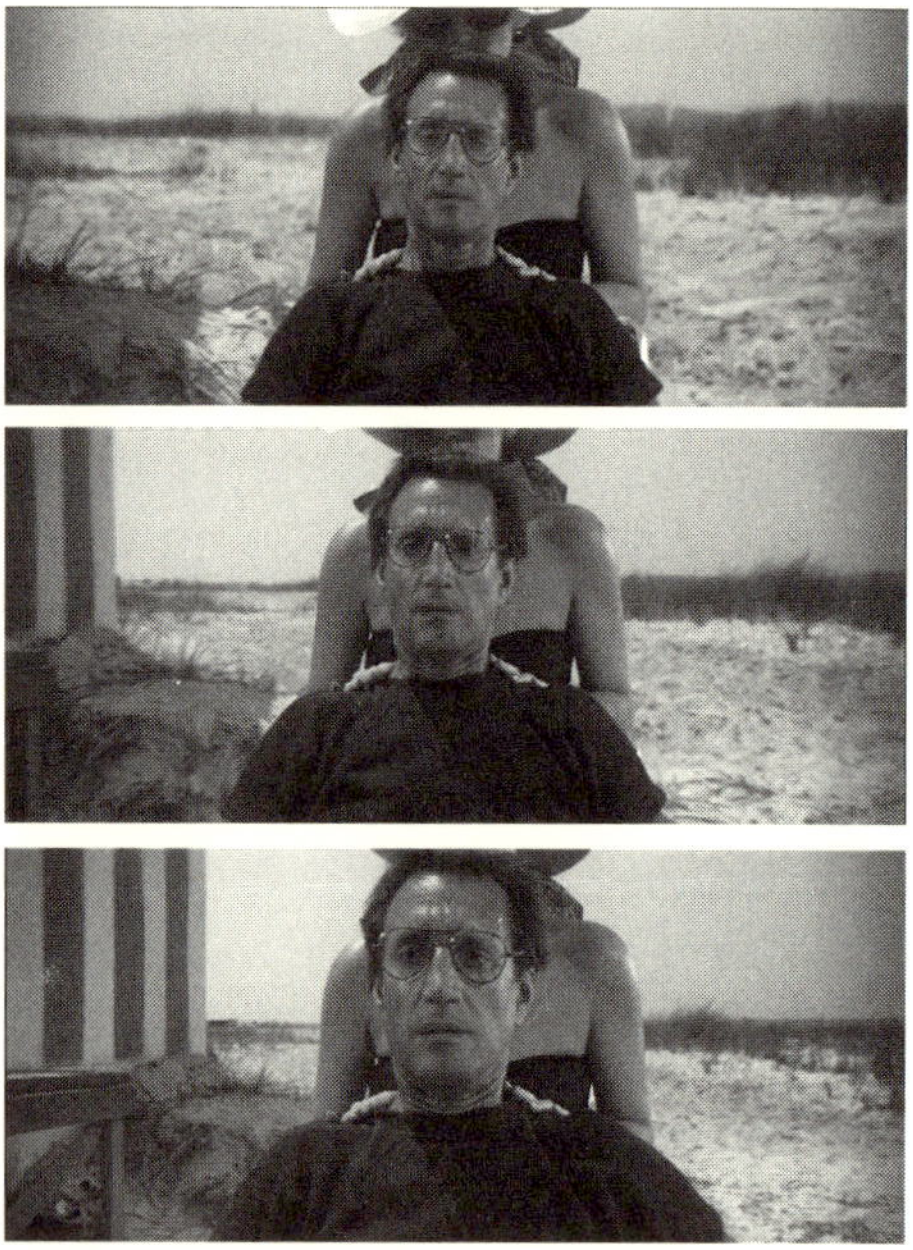

図3-6　『ジョーズ』
（出典：DVD ビデオ『ジョーズ』ジェネオン・ユニバーサル・エンターテイメント、2009年）

　このように移動撮影は、心理的変化の表現として、情動の表現として自覚的に用いられています。最初に紹介した『恋愛小説家』の情動表現も、手法は異なりますが同じ効果をねらったものです。

　スピルバーグは、いうまでもなく現代の最も重要な映画作家の一人ですが、あまりにも有名であるために否定され、正当に評価されていない不幸な作家です。しかし、先ほど紹介したヒッチコックのドリーズームを転用したシーンひとつを見ても、ただ者ではないことがわかりますね。

　ところで、『ジョーズ』のこのシーンにはもう一つ、のちのホラー映画に大きな影響を与えた手法が用いられています。サメが子どもに近づくシーン、サメはフレームのなかにいない、見えていないが、明らかにそこにいて子どもに近づいているというシーンです。あの特徴ある音楽とともに、カメラが子どもに近づいていく。このときのカメラの移動撮影が、不可視の人物（ここではサメですが）の表現として使用されています。フレームのなかに見えないがゆえにいっそう恐怖をかき立てる、そういう効果がある手法です。

キューブリックの『シャイニング』

　最後に、この移動撮影を用いて不可視の人物の表現をした映像として、スタンリー・キューブリックの一九八〇年の作品『シャイニング』を紹介します。先ほど、手持ちの撮影でもブレがないスタビライザー付きカメラの登場が、新しい映像世界を生み出したと述べましたが、このカメラによる映像で最も影響を与えたのが、この『シャイニング』です。『シャイニング』のなかでは、迷路のシーンと三輪車のシーンが有名ですが、ここでは三輪車のシーンを取り上げます。

『シャイニング』は、冬に雪に閉じ込められ、外界から切り離された山のなかのホテルが舞台です。そこには、夫婦と男の子の三人家族が管理人として雇われて住んでいます。その男の子が三輪車に乗って遊んでいるときに不思議なものに出合う、ちょっと怖いシーンです。この男の子は超能力というのでしょうか、霊感のようなもの

図3-7　『シャイニング』
（出典：DVD ビデオ『シャイニング』ワーナー・ホーム・ビデオ、2001年）

図3-8　『シャイニング』
（出典：同 DVD ビデオ）

をもっていて、このホテルに怖い場所があることを感じているのですが、そのことに気づいている同じく霊感がある黒人のホテル職員が、先輩としていろいろアドバイスしています。その後、男の子が三輪車でホテルの廊下を走っているシーンで、スタビライザー付きカメラによる移動撮影の映像が三回使われています。

最初の二つのシーンでは、何だか不思議なシーンだなという感じはしますが、カメラは忠実に三輪車の後ろからついていっています。ところが、第二のシーンの後半、二三七号室で男の子が不思議なものに出合い、慌てて部屋から離れていくと、カメラは男の子を追いません。部屋の前に立って、遠ざかる男の子をじっと見ているのです（図3—7）。それまでとは違うカメラの運動に、カメラの意思を感じることができます。第三のシーンでは、カメラは同じように三輪車の後ろからついていっていますが、第一、第二のシーンとは明らかに様子が異なります。そしてその感じは、男の子が廊下の角を曲がったあと、カメラがじわじわとあとを追っているなかで、さらに際立ちます（図3—8）。明らかに誰かが男の子に近づこうとしていることが伝わり、そしてその後、男の子は不思議なものと出合うことになります。

第一のシーンと第三のシーンとを比べてみると、両方とも男の子を追うシーンでありながら、明らかに動きが違います。第三のシーンのほうが、誰かが近づいていく感じがするのです。このときのショットを、ＰＯＶショットといいます。ＰＯＶショットとは、ポイント・オブ・ビュー・ショット、あるいは主観ショットといったりします。カメラは通常は、物語の語り手として、登場人物の誰でもない、客観的な位置から映像を撮っています。

客観ショットが通常のカメラの役割です。ところが、カメラがときどき客観的役割から離れて、登場人物の視点になることがあります。それをPOVショットというのです。客観ショットから離れて、主観ショットになる。

この分類でいくと第一の三輪車のシーンは客観の映像、第三のシーンは主観の映像になります。そして第二のシーンは、客観から主観へ転換するシーンといえます。忠実に男の子を追っていた、客観と思われていたカメラが、二三七号室で不思議なものに出合うことで、主観を帯びたカメラに転換する。そして第三のシーンで男の子に誰かが近づいていることが明らかになるのです。

このシーン全体が面白いのは、もしかしたら男の子には最初から、つまり三輪車でホテルを走っていた第一のシーンの最初から、何かが後ろからついてきていたのではないかと疑わせる点です。その疑いを浮かび上がらせるのが、スタビライザー付きカメラの運動です。いままで見たことがないような、人のものとも機械のものともつかない、両義的なスタビライザー付きカメラの運動が、客観的だとも主観的だともいえない、決定不能で宙ぶらりんの状態に私たちを置くのです。私たちは、疑いを晴らせず、不安を抱えたまま次のシーンに進まなければなりません。その点で、スタビライザー付きカメラによる新しい移動撮影は、この映画のなかで、不安という情動をかき立てる運動として機能しているのです。

カメラの運動は、映画史の初めから、最先端のテクノロジーを導入しながら、様々な表現方法を発見してきました。そして現在では、情動の表現としてそれらを自覚的に用いています。私たちは運動を、被写体の、その場の、そして物語全体の情動の高まりとして経験するようになったのです。忘れてはならないのは、映画史の初めから、つまりスクリーンのなかに列車が走ってきたあの瞬間から、私たちのなかに情動が生まれていたことです。運動は情動とともに最初からあったのです。

4　移動撮影とスポーツ映像

身体運動の文化であるスポーツにとって、移動撮影は不可欠の技法です。たとえば、日本で最も人気があるスポーツ中継の一つであるマラソン中継は、移動撮影と通信技術が結合しなければ成り立ちません。路上の観客にとって、マラソンとは一瞬で通り過ぎるものでしかないからです。私たちにとってマラソンは、映像空間で成立しているスポーツなのです。移動撮影が作り上げたスポーツなのです。

また、スポーツ中継のなかで発明された様々な移動撮影の技術は、新たなスポーツ経験を生み出しています。陸上の百メートル競走をランナーと一緒に走るカタパルトカメラ、水泳選手と一緒に泳ぐ水中カメラ、空中から選手を追うワイヤーカメラ。こうした新たな移動撮影の技術は、スポーツ経験の地平を広げると同時に、映像技術の最先端を切り開いてきました。

今回の講義では移動撮影が情動を生み出すことをみてきました。新たな移動撮影に接するとき、新たな情動が生まれるはずです。最先端のテクノロジーが人間の心理のなかで最も深い、最も原始的な情動を生み出すのです。それはどのような情動なのか、そしてそれは自覚的に作られた情動表現になっているかどうか、そういう視点からスポーツ映像を見る必要があります。

参考文献

アルフレッド・ヒッチコック／フランソワ・トリュフォー『定本 映画術（改訂版）』山田宏一／蓮實重彦訳、晶文社、一九九〇年アンリ・ワロン『身体・自我・社会――子どものうけとる世界と子どもの働きかける世界』浜田寿美男訳編、ミネルヴァ書房、一九八三年
ジル・ドゥルーズ『シネマ１＊運動イメージ』財津理／齋藤範訳（叢書・ウニベルシタス）、法政大学出版局、二〇〇八年

映像

ＤＶＤビデオ『レ・フィルム・リュミエール（*Les films Lumière*）』ジェネオンエンタテインメント、二〇〇五年
『恋愛小説家（*As Good As It Gets*）』監督：ジェームズ・ブルックス、一九九七年
『ラ・シオタ駅への列車の到着（*L'arrivée d'un train en gare de La Ciotat*）』監督：リュミエール兄弟、一八九六年（https://www.youtube.com/watch?v=NmxktCi6zoQ）［二〇二三年十二月四日アクセス］
『船から撮影された大運河のパノラマ（*Venise: Panorama du grand canal pris d'un bateau*）』監督：リュミエール兄弟、一八九六年（https://www.youtube.com/watch?v=RsELMpSWtxY）［二〇二三年十二月四日アクセス］
『鉄道トンネル通過（*Passage d'un tunnels de chemin de Fer*）』監督：リュミエール兄弟、一八九八年（https://www.youtube.com/watch?v=qsw2zCxHlrU）［二〇二三年十二月四日アクセス］
『黒い罠（*Touch of Evil*）』監督：オーソン・ウェルズ、一九五八年（https://www.pbs.org/video/touch-of-evil-1958-p6uowl/）［二〇二三年十二月四日アクセス］
『めまい（*Vertigo*）』監督：アルフレッド・ヒッチコック、一九五八年
『ジョーズ（*Jaws*）』監督：スティーブン・スピルバーグ、一九七五年
『シャイニング（*The Shining*）』監督：スタンリー・キューブリック、一九八〇年

講義4　編集論

これは追っかけのない最初の映画でした。これは凄いことだったのです。というのも、当時、追っかけのない映画は映画でなかったからです。追っかけなしでどのように映画が作れるでしょう？　どのようにしてサスペンスを醸しだすのでしょう？　話の筋は？　『幾歳月の後』は、劇的なクロース・アップを使った最初の映画——交互のモンタージュ（カット・バック）を使った最初の映画でもありました。

（グリフィス夫人。グリフィス監督の一九〇八年の作品『幾歳月の後（*After Many Years*）』について。四方田犬彦『映画史への招待』岩波書店、一九九八年、二〇〇ページ）

今回のテーマは編集です。現在、編集というと、フィルムをカットしてつなげ、そこに音を加える作業のことを指します。この編集という作業が生まれてくるのは、一九二〇年代末のトーキー映画成立以降です。それ以前、フィルムを切ってつなげるという作業は監督の仕事でした。フィルムをどこで切ってどこにつなげるかという映画の根本といえる作業は監督がおこなっていたのです。

トーキー映画成立以降は、フィルムに音をつなげるという非常に難しい作業が編集に加わったために、編集が監督の仕事から分化しました。しかし、サイレントとトーキーを通じて共通しているのは、編集とは、フィルム

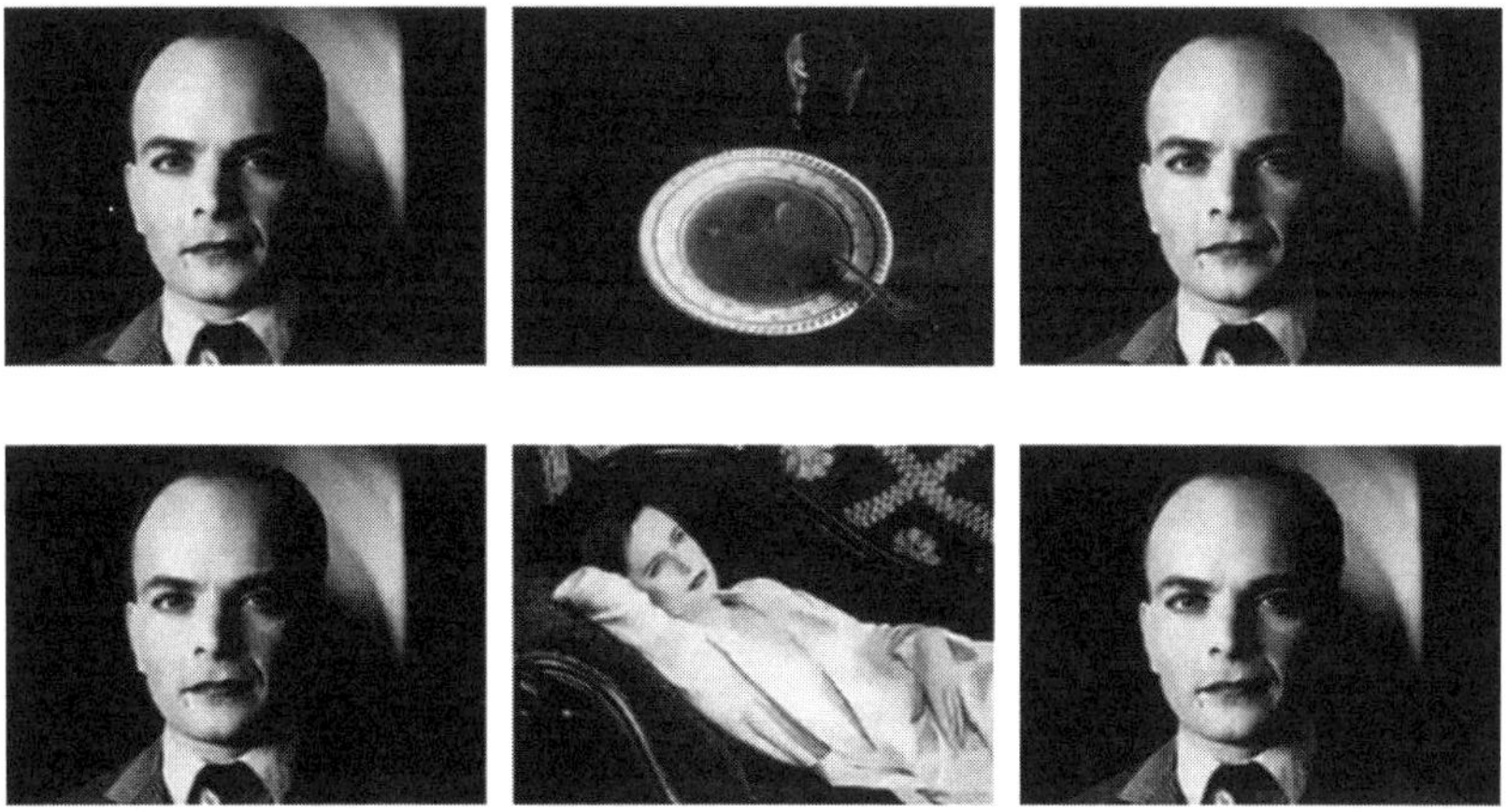

図4-1　クレショフ効果
（出典：「Kuleshov Effect / Effetto Kuleshov」「YouTube」〔https://www.youtube.com/watch?v=_gGl3LJ7vHc〕［2023年12月4日アクセス］）

を切ってつなげる作業ということです。今回の講義では、編集という作業を、音の側面はひとまず置いて、フィルムをカットしてつなげる作業としてとらえます。つまり映画の歴史のなかで一貫して存在するものとしてとらえて、論じてみます。音については、講義6で扱います。

1　映画的思考の基礎としての編集

クレショフ効果

編集の重要性を語るとき、よく「クレショフ効果」が取り上げられます。これは、ソビエト連邦（ソ連）のレフ・クレショフという映画監督がサイレント時代に発見したといわれている編集の効果のことです。個々のショットには内在していないが、ショットをつなげることで生まれてくる意味や情動的効果です。具体的にはどのようなものでしょうか。

図4―1を見てください。まず、何かを眺めている男性の映像があります。二番目には、二つの映像が並べてあります。上の映像はテーブルの上のスープ。下の映像は女性です。そして三番目に、また一番目と全く同じ男性の映像につながります。これは編集の効果に関する映像実験です。

まず第一の編集のやり方として、男が何かを見ている映像があり、そこにテーブルの上のスープの映像をつなげます。そしてまた男の何かを見ている映像につなげる、という編集をしたとします。そうすると、三番目の男の映像のとき、この男はいまおなかが空いているんだろうな、と私たちは予想します。映像に食欲にとらわれた男の表情が現れるわけです。

次に、第二の編集のやり方として、男の映像の次に女性の映像をつなぐ、そしてまた男の映像につなぐという編集をしたとします。そうすると、三番目の男の映像がみだらなことを考えている顔に見えてきます。映像に性欲にとらわれた男の表情が現れるわけです。

この実験で何がわかるかというと、編集によって全く違う意味が現れるということです。男の映像に食べ物の映像をつなぐと、食欲にとらわれた男の映像が現れる。女性の映像をつなぐと、性欲にとらわれた男の映像が現れる。ところが三番目の男の映像は、実は一番目の映像と全く同じで、映像そのものには食欲の表情も、性欲の表情も内在していません。その男性が、おなかが空いたという演技や、情欲にとりつかれていまにも女性を襲いそうな演技をしているわけでもありません。ただ、違う映像をつなぐだけで、そこに違う意味が現れるのです。

このような編集の効果のことをクレショフ効果といいます。これは映画の本質的な機能に関わる効果であると、その当時のソ連の映画人の多くは考えました。演劇だったら、おなかが空いたという演技をしなければなりません。でも映画はそんなことをする必要がなく、ほかの映像をつなぐだけでいい。これこそがほかの芸術にはない映画だけの特性だ、編集こそが映画の芸術的可能性を切り開くものだ、と考えたのです。

編集の歴史は映画の歴史と同じといってもいいくらいの蓄積があり、主な編集のやり方を説明するだけでも、一回や二回の講義では収まりません。半年や一年の講義で基本的なことが教えられるかどうかという分野です。それを一回の講義で終えるというのは無謀な話なのですが、今回は運動と編集との関係に焦点を絞って論じることにします。

スポーツ映像とショット

編集という作業について少しでも知っている人は、それとスポーツ映像はつながらないと思うかもしれません。編集とは、撮影が終わったあとに、その映像をフィルムという形態にしろデジタルという形態にしろ、切ってつなげるという作業で、生中継のスポーツ映像とは無関係にみえるからです。

スポーツ映像と編集の関係を知るために、懐かしい映像を取り上げてみましょう。二〇〇六年のプロ野球日本シリーズ、日本ハム対中日、一勝一敗で迎えた第三戦（テレビ朝日、二〇〇六年十月二十四日放送）です。これを選んだのは、私が新庄剛志や小笠原道大や森本稀哲が好きだからにすぎません。さて、このシーンは一回裏、ノーアウト、ランナー一・二塁で、打席に入った小笠原が三球目を見送り、四球目を打って、これが逆転の二点タイムリーになるというものです。見てほしいのは、内容ではありません。その形式、このシーンにいくつショットがあるかです。

ショットというのは、切れ目なしに撮影されている映像のことです。時間を一分間に限定して、ピッチャーが三球目を投げて小笠原が見送るシーンだけでいくつショットがあるかを数えてみましょう。十個です（図4―2）。これがほぼ平均的なプロ野球の、一分間のショット数だと思っていいでしょう。つまり、一分間に十個の映像があるということです。みなさんも自分が好きなスポーツ中継で、ぜひ数えてみてください。

これは劇映画の平均的なショット数とほぼ同じです。映画も平均して一分間に十個のショットがあります。百分の映画だと千個のショットがあるわけです。もちろん時代やジャンル、監督によってショット数は変わります。あくまで平均的な現在の傾向です。野球中継の映像のリズムは、劇映画と同じなのです。私たちは映画を見るようなリズムで野球を見ているわけです。この一分で十回という映像のリズムは映画だけにとどまらず、テレビを含めた現代の映像世界に共通していて、私たちの身体のリズムに深い影響を与えています。

たとえば元大阪府知事の橋下徹は、テレビに出始めたときにある先輩タレントから、コメントは五秒以内に抑えろとアドバイスを受けたそうです。先ほどの一分十回のリズムでいうと、私たちは一つの映像を六秒見続けたら、次のショットに移ると思ってしまう。つまり一人の人間が六秒以上しゃべり続けていると冗長、六秒以上しゃべる人間は、退屈で頭が悪いという印象をもってしまう。ですから、映像世界で生きていく場合、最大限しゃべって、しかも退屈に思わせないためには、コメントを五秒に抑えるというアドバイスは秀逸であるわけです。映像世界のなかでは、コメントを五秒以内に収めてくれる政治家やコメンテーター、五秒以内に笑いをとってくれる芸人が重宝されるわけです。

話がずれましたが、スポーツ映像は予想以上にショットが、映像が切り替わります。映像が切り替わるリズム

図4-2　『プロ野球日本シリーズ 日本ハム対中日 第3戦』
(出典：『プロ野球日本シリーズ 日本ハム対中日 第3戦』テレビ朝日、2006年10月24日放送)

は、劇映画のリズムとほとんど同じなのです。こうしたスポーツ中継での編集の技法はスイッチングと呼ばれることが多いです。スイッチを切り替えるという意味です。このようにいくつもの映像が結び付けられた世界、すなわち編集された世界がスポーツ映像の世界なのです。

2　編集の基礎知識

編集の単位

編集と運動について論じる前に、編集の基本的用語について説明しましょう。

まず、フィルムの最小単位の一つひとつの写真のことをコマといいます。このコマが流れて映像になります。たとえば、男性のコマがずっとつながっていって、カットされ、女性のコマにつながる。一秒二十四コマで撮影されますから、女性の映像が三秒続いたとすると七十二コマ続き、そこでまた女性の映像がカットされて男性の映像に戻る。先ほど説明したように、このカットとカットの間、「切れ目なしに撮影された、コマの連続体」のことを「ショット」といいます。ショットが映像の基礎単位です。映像作品はショットの積み重ねで成立します。ショットのことをカットという場合もあります。というか、そのほうが多いです。ですから映画の批評家や研究者の文章を読むときには、ショットのことをショットといっているか、カットといっているか、確認しながら読む必要があります。

ショットの上位概念として、シーン、シークエンスというものがあり、双方ともショットの連続体を指します。これは、映画というよりも演劇に由来する言葉なのですが、劇映画が主流である現在の映画界では避けて通れない概念です。

たとえば、大学のキャンパスを舞台にした恋愛映画を作ろうとするとします。そのためにはもとになる一つの物語、たとえば男性と女性が出会って、いろいろあってハッピーエンドという、何カ月か何年かの出来事を一時間半程度の物語にする必要があります。それは物語上いくつかの部分に分けられます。まず「出会い」の部分があり、「告白」の部分があり、「熱愛」の部分があり、というようにいくつかの部分に分けられていきます。これらの部分、構成要素、単位をシークエンスといいます。あるいは、プロットという場合もあります。

このシークエンスを実際に撮影していくとき、どこで撮影するのか、どこで物語が展開するのか。たとえば、まず大学の教室で授業中に男性が女性に目を留め、次に中庭で再び見かけ、最後に図書館で男性が女性に声をかけるという物語の展開にするならば、撮影は教室、中庭、図書館でおこなう必要があります。その場所をシーンといいます。シーンとは物語上の単位でもありますが、より具体的には撮影上の単位で、物語が展開する場所を指します。このシークエンスとシーンは演劇の幕と場に相当します。幕がシークエンス、場がシーンです。演劇を幕と場に分けるのは、ギリシャ悲劇から現代まで続く西洋演劇の伝統です。

演劇であればここまでですが、映画はシーンをショットに分けていきます。たとえば男性が、教室で女性を目に留めるというシーンを撮る場合、まずここは大学だということを示すショット、次に授業中だということを示す教室内のショット、そして主人公の男性のショット、男性がふと目を上げると、その先に女性の後ろ姿のショット、というふうにショットに分けていきます。ショットに分けていくという作業が、演劇とは異なる映画固有の作業です。映画を学ぼうとするならば、まず「ショットを数えろ」といわれています。ショットにこそ映画的思考の根本があるからです。

つなぎの様式

ショットと似た言葉でテイクがありますが、これは、一つのショットの撮影上のバリエーションです。たとえば出会いのシークエンス、教室のシーンで、主人公の男性が最初に現れるショットを撮るとして、一回目の撮影をテイクワン、二回目の撮影をテイクツーといいます。

このショットのつなぎ方に、形式からみるといくつかの種類があります。最も一般的なのは、コマをそのままつなぐカット、あるいはストレートカットと呼ばれるつなぎ方です。次に、画面を次第に暗くしていってショットを終える技法があり、これをフェードアウトといいます。逆に画面がだんだん明るくなって、次のショットが現れる技法がフェードインです。フェードアウト、フェードインとつながっていく間に、ショットが変わっていくわけです。

また、オーバーラップといって、前のショットがだんだん消えていくにしたがって、次のショットが重なりながら徐々に現れてくる技法があります。ディゾルブともいいます。いまではあまり使われませんが、一九三〇年代から四〇年代までよく使われた、ワイプという、次のショットが前のショットを拭き去るように現れてくる技法もあります。

つなぎ方を内容からみると、大きく連続編集と非連続編集に分かれます。連続編集は「時空間が連続しているように見える編集」、非連続編集は「時空間を意図的に混乱させる編集」のことです。この定義からわかるように、非連続編集は、連続編集をあえて壊すことで、そこに生じる違和感や混乱を生み出す技法です。ということは、非連続編集は連続編集を理解し習得していないとできません。つまり、編集を学ぶということは、まずもって連続編集を学ぶということなのです。

この連続編集がなぜ重要かというと、それはショットの本性によります。ショットそのものは分断された何百何千の断片にすぎず、その分断されたショットをつないで、あたかも連続した時空間で物語が進んでいくように表現しなければならないからです。この連続したつながりをコンティニュイティーといいます。編集方法の多くはこのコンティニュイティーを形成させるためのものです。ちなみに撮影の前に多くの監督がスタッフに映画の大まかなイメージを示す、漫画のようなコマ割りを描いた「絵コンテ」というものがあります。この絵コンテのコンテとは、このコンティニュイティーのことです。

この連続編集が編集論の中核になるもので、最初にもいったように、これをある程度学ぶだけでも半年から一年はかかります。この一回の講義ではとうてい説明できないのですが、よく使われる技法のいくつかを説明しておきます。マッチカットと切り返しです

マッチカットは、様々な要素の一致（すなわちマッチ）によってショットをつなぐ編集法です。たとえば、アクションの一致は、前のショットで左から右に動いたら、次のショットでも左から右に動いていなければなりません。前のショットとあとのショットのアクションの方向性を一致させることでショットをつなぎます。視線の一致は、ある人が何かを見ていたら、次のショットでは見ていた対象が映されるという技法です。形の一致とは、前後のショットを形が似たものでつなぐ技法です。マッチカットにはまだほかにもいろいろあります。

切り返し（ショット・リバースショット）とは、二人が対話しているときによく使われる技法です。二人が対話しているところに、カメラを三台置き、一台目は、二人を一緒に撮れる場所に置きます。このショットをマスターショットといいます。二台目と三台目は、二人を別々に一人ずつ撮れる場所に置きます。そしてまず、マスターショットとして二人を撮って、それから一人ずつ交互に撮っていくという技法です。このとき、カメラは必ず同じ側になければなりません。この法則を百八十度法則といいます。

どういうことかというと、向かい合う二人の間に想像上の線を引き、そしてカメラは必ず、どちらか同じ側に置かなければならないということです。同じ側に置くと二人は向かい合っているように見えます。しかし、一つのカメラをその線を越えて置くと二人は同じ方向を向き、向かい合っているようには見えないのです。この二人の間の想像上の線を、イマジナリーラインといいます。

連続編集と非連続編集という分類のほかに、それとは視点が異なりますが、リズム編集という編集法があります。これはショットの間隔を調整する編集法で、ファーストカッティング、スローカッティング、加速度編集法があります。ファーストカッティングはショットの間隔を短くしてつなぐ編集法、スローカッティングは逆に間隔を長くする編集法、加速度編集法は、最初長くしてだんだん短くしていく編集法です。

3　「追っかけchase」から編集へ

次に、映画の歴史について手短に振り返りながら編集と運動の関係についてみていきます。『ゴム頭の男』という一九〇一年のメリエスの作品については講義2で紹介しました。男の頭がどんどん大きくなっていくというトリック映像です。メリエスは、トリック映像以外にも様々なことを映画で試みました。そのなかの一つに劇映画があります。誰でも知っているような演劇を映像化したのです。この試みは世界に広がっていきます。そのきっかけになったメリエスの作品が、〇二年の『月世界旅行』です（図4—3）。十五分ほどのサイレント映画ですが、ロケットや宇宙人なども出てきてなかなか面白い内容です。

図4-3 『月世界旅行』
（出　典：「Le Voyage dans la Lune (1902) - Georges Méliès - (HQ) - Music by David Short - Billi Brass Quintet」「YouTube」〔https://www.youtube.com/watch?v=ZNAHcMMOHE8〕［2023年12月4日 アクセス］）

劇映画の試みによって、各国の演劇的伝統が映画の世界に持ち込まれることになります。演劇的伝統の違いのために、それぞれの国で趣の異なる映画が作られ始めるのです。日本だったら歌舞伎や大衆演劇の伝統、イタリアだったら歴史劇やオペラ、そしてフランスだったら喜劇という具合です。この時代の映画の作り方は、フランスの映画史家ジョルジュ・サドゥールが演劇的映画と呼んだものでした。つまり舞台上で演劇を演じてもらい、それをそのまま映像化して映画にするというやり方です。メリエスの『月世界旅行』はその典型的なものです。演劇的映画では、シーンをショットに割るという作業はおこなわれていませんでした。映画のシーンは、そのまま演劇の場だったわけです。

では、何がきっかけでシーンをショットに割るという発想が生まれたのか。小松弘は、『起源の映画』という書籍のなかで、初期映画においてショットが自覚される、すなわち一つのシーンのなかでショットが複数化するきっかけは二つあったと指摘しています。一つはトリック映像で、ワンシーンのなかで、ショットを結合・合成させる試みがショットの自覚を生み出しました。そしてもう一つが追っかけ映画だったといっています。追いかける場面を強調するために、一つのシーンで追いかけるショットを繰り返しつないでいったのです。これがショットの複数化につながったと小松は指摘します。

その追っかけ映画とはどのようなものだったのでしょうか。有名なのがフランスのエミール・コールの一九〇八年の作品『かぼちゃレース』です。荷車から落ちた大きなかぼちゃが転がっていき、それを人々が追いかけていくというコメディー映画です。このようなフランスの追っかけ映画は、世界を制覇したといってもいいくらい第一次世界大戦以前には世界で大人気でした。

追っかけは舞台、いわゆる額縁舞台から飛び出しました。それまで舞台の上で演じられていた演劇的映画の枠を飛び出したのです。追っかけによって映画は運動を再発見します。「追っかけは映画の根源的記憶である」「すべての映画は追っかけ映画である」といわれるのは、それがまさに画期的だったからです。

この追っかけにどのように対抗するか、それがこの時代の映画人の課題でした。その課題に立ち向かったのが、グリフィスでした。彼は追っかけをせずに追っかけの効果をもたらす技法を作り上げました。それが編集でした。そのなかの代表的な技法がクロスカッティングです。

クロスカッティングとは、異なる空間で同時に起こっている出来事をショットごとに交互につなぐ技法のことをいいます。たとえば、誰かが誰かを追いかけているとき、追う人と追われる人を同時に映すのではなく、追う人、追われる人、追う人、追われる人と交互に映していく技法のことです。クロスカッティングの編集だと、双方の距離がわかりませんが、わからないぶんだけ逆に緊張感が高まる効果があります。このクロスカッティングは、並行モンタージュともカットバックともいいます。いろいろな言い方がありますが、グリフィス監督の出世作である一九一五年の『国民の創生』のころにはすでに完成されていました。

クロスカッティングの代表的な映像が、一九二〇年のグリフィスの作品『東への道』です。この作品は、講義2のなかでクローズアップ映像の代表的なものとして紹介しましたが、クロスカッティングという技法でも当時最も洗練された作品です。

主人公のアンナが舞踏会で悪い男に口説かれるというシーンでクローズアップが巧みに使われていましたが、このシーンのあと、アンナは男にだまされて捨てられます。その後、大農場主の住み込みとして雇われ、その息子のデイヴィッドとも仲良くなれそうで、明るい未来がみえそうになったとき、また昔の男が現れてアンナの過去が暴かれます。アンナは悲しみのあまり猛吹雪のなかに飛び出していき、デイヴィッドがアンナのあとを追いかける、というシーンです。アンナは、川に張った氷の上で失神してしまい、その氷が割れて川を流れだす。アンナを見つけたデイヴィッドは川の氷の上を次々と飛び移って、間一髪、滝つぼに落ちる寸前に彼女を救い出す。この四分半ほどのシーンは圧巻です。クロスカッティングによる映像が見事で（図4―4）、はらはらドキドキ思わず手に汗を握ります。

図4-4　『東への道』
（出典：DVD ビデオ『東への道（淀川長治総監修世界クラシック名画100撰集）』アイ・ヴィー・シー、2014年）

このグリフィスらの試みによって古典的編集法が成立します。〈運動と編集〉という視点から編集という技法をみる場合、これがその当時追っかけに対抗するために生まれた技法だったことが重要です。この歴史的な事実を忘れてはなりません。もともと追っかけという運動に対抗するために、その運動感覚を表現するために編集が生まれたのです。

この事実は、追っかけ映画そのものがジャンルとして衰退したあと、忘れ去られていきます。そして、編集は意味を作り出すもの、物語を語るためのものという理解が主流を占めていくようになるのです。

ヒッチコックは、「もっとも優れた追いかけのシーンは、グリフィスの『東への道』の浮氷のシーンだろう」といっています。歴史的に有名なクロスカッティングのシーンを、追っかけのシーンだといっているわけです。これは、編集と追っかけが同じものだということを示す証言です。

ヒッチコックは追っかけの重要性を強調した映画作家でした。誰かが誰かを追いかける、それによって映画が始まる、ぎりぎり捕まりそうになるが、ようやく逃げ延びる、ホッとしていたら、また追いかけてくる。その繰り返し。アクションや派手なカーチェイスがなくても、はらはらドキドキのエモーション、情動は維持される。追っかけること、そして追っかけを反復すること、それが映画なのだということを、ヒッチコックは伝えてくれています。

最後に、そのヒッチコックが作り出した現代の編集技法の原点の一つである一九六〇年の作品『サイコ』のシャワールームでのシーンを紹介します。主人公は独身の女性会社員で、ある男性にそそのかされて会社の金を盗み、その男性のもとへと向かう。その途中、モーテルに偽名を使って宿泊する。そのモーテルの若いオーナーとの会話のなかで、オーナーの母親が精神を病んでいることがわかる。ここからが非常に有名なシーンです。主人公は客室でシャワーを浴びているときに殺されてしまうのですが、このシーン、女性とおぼしき人物がナイフを振りかざしてからシャワールームを出ていくまで二十秒そこそこのシーンですが、三十回以上ショットが切り替わっています。この編集で表現されているのは、殺人がおこなわれているという意味ではなく、殺人の運動でありそれに伴う情動です。先ほどの分類でいえば、編集のなかのリズム編集が強調されているわけです。

ヒッチコックの『サイコ』は現代映画の原点の一つといわれています。グリフィスに始まった映画の古典的編集法が、一九五〇年代のスタジオシステムの完成によって頂点を迎えます。六〇年代には、スタジオシステムの崩壊によって現代映画の形成が始まるのですが、その予兆が五〇年代後半にフランスで始まった二十歳代の映画作家たちによる自由奔放な映画作りの動きヌーベルバーグで、彼らが崇拝した監督の一人がヒッチコックでした。ヒッチコックは、従来の古典的な編集方法から逸脱した編集を『サイコ』のなかで見せたのです。

それは革新的なものでした。しかし、編集は追っかけへの対抗から、運動を表現するために生まれたという歴史的な事実を踏まえるならば、ヒッチコックの現代的編集は、原点回帰の編集方法だととらえるべきでしょう。編集とは意味を生み出す技法であると同時に、運動を生み出す技法でもあるのです。

4　スポーツ映像と編集

プロ野球中継のショットを数えてみればわかるように、スポーツ映像は予想以上にショットが多く、映像が次々と切り替わります。映像が切り替わるリズムは、劇映画のリズムとほとんど同じで、こうしていくつもの映像が結び付けられた世界、すなわち編集された世界がスポーツ映像の世界なのです。

「ショットを数える」という作業は、映像がショットの連なりでできているということを私たちに気づかせてくれます。このことに自覚的であることが決定的に重要です。ショットに自覚的であってはじめて、ショットとショットの関係に、つまり編集への関心が生まれ、映像の世界への新たな道が開かれるのです。

編集された世界であるスポーツ映像を分析するためには、まず意味に注目する必要があります。すなわちショットとショットの関係に注目することです。どのショットがどのショットと結び付けられているのか、何と何を結び付けるのかによって、違う意味が発生します。ピンチのときのピッチャーの顔のクローズアップ、その次に何のショットがつながれるのか、監督のショットなのか、バッターなのか、塁上のランナーなのか、観客席なのか、それぞれ違う意味が発生します。

次に、運動に注目する必要があります。その編集のリズムは、中継しているスポーツのリズムと合っているかどうか、試合のリズムと合っているかどうかなどです。それによって、その放送局がスポーツをどれほど理解しているのかも明らかになります。スポーツ映像でも、編集を見るときには意味だけではなく運動に注意することが必要なのです。

参考文献

アルフレッド・ヒッチコック『ヒッチコック映画自身』鈴木圭介訳（リュミエール叢書）、筑摩書房、一九九九年

小松弘『起源の映画』青土社、一九九一年

四方田犬彦『映画史への招待』岩波書店、一九九八年

映像

『二〇〇六年プロ野球日本シリーズ 日本ハム対中日 第三戦』テレビ朝日、二〇〇六年十月二十四日放送（https://www.dailymotion.com/video/x651gkt）［二〇二四年十一月二十九日アクセス］

『月世界旅行（*Le Voyage dans la Lune*）』監督：ジョルジュ・メリエス、一九〇二年（https://www.youtube.com/watch?v=ZNAHcMMOHE8）［二〇二三年十二月四日アクセス］

『かぼちゃレース（*La Course aux potirons*）』監督：エミール・コール、一九〇八年（https://www.youtube.com/watch?v=IeGYo-NGWK4）［二〇二三年十二月四日アクセス］

『東への道（*Way Down East*）』監督：デヴィッド・グリフィス、一九二〇年（https://www.youtube.com/watch?v=Vtca

L63nnUc）［二〇二三年十二月四日アクセス］
『サイコ（*Psycho*）』監督：アルフレッド・ヒッチコック、一九六〇年

講義5　特殊効果論

——再生・スローモーション映像とは何か

一九五〇年代からテレビ業界で使用されることになった録画装置VTR（ビデオ・テープ・レコーダー）、英語ではVCR（ビデオ・カセット・レコーダー）は、映像の録画と再生を短時間で可能にし、テレビの映像的可能性を一気に押し広げました。特にスポーツ中継では、この再生技術が広範囲に使われるようになり、スローモーションと併用されることで、スポーツ映像の魅力を知らしめる大きな力を発揮しました。

それと同時に、スポーツ映像の再生・スローモーション技術が逆に劇映画やテレビドラマに流用され、映画的な手法として一般化していきます。スポーツ映像の技術が映画など主流の映像文化に影響を与えたのです。勘違いしないように付け加えておくと、再生・スローモーション技術そのものは、映画界で初期からあった技術で、スポーツ中継で初めて使われたわけではありません。ただ、その使い方が従来の映像文化と異なっていました。そのことがほかの映像文化に影響を与えたのです。

スローモーション映像は、映画の歴史のなかで特殊効果SFXとして分類される技術です。現在ではコンピュータグラフィックス（CG）の発展とともに、CGが視覚効果VFXとして、特殊効果から分離独立したものとして扱われていますが、この講義では原理的に両者は同類のものと見なし、視覚効果も特殊効果の一つとして扱うことにします。

今回の講義では、最初に手短に特殊効果の分類についてみていき、次にスローモーションの効果、再生映像の意味について考えていきます。

1　特殊効果の分類

特殊効果は、すでに初期の映画のなかでも盛んに用いられていました。これまでの講義で何度か取り上げたトリック映像がそれです。つまり劇映画が始まる前から、初期映画の作り手たちが映像の様々な可能性を探求していたのです。そのなかの一本がアメリカのエドウィン・ポーター監督の一九〇六年の作品『レアビット狂の夢』です。「レアビット」は聞き慣れない言葉ですが、チーズを用いたイギリスのお菓子で、なかにビールやアルコールが少し入っているものです。それを食べすぎた男が悪夢にうなされる話なのですが、寝ているベッドが動き回り空を飛ぶシーンなどで、当時の特殊効果の技術のほとんどすべてが使われています。

特殊効果は、大きく分けて三つに分類できます。①美術系の特殊効果、②光学系の特殊効果、③撮影速度による特殊効果です。

①美術系の特殊効果

一つ目の美術系の特殊効果は、演劇的な発想の延長線上にあるものです。演劇でいう美術とは、いわゆる大道具と小道具を指します。

映画では特殊メイク、着ぐるみ、そしてミニチュア撮影、グラスショットなどが美術系の特殊効果です。アメリカ映画の歴史のなかで有名な特殊メイクとしては、一九三一年の『フランケンシュタイン』（監督：ジェームズ・ホエール）や三九年の『オズの魔法使い』（監督：ヴィクター・フレミング）が挙げられますが、八〇年代に特殊メイクが再度注目を浴びます。きっかけになった映画の一つは、八〇年のデビッド・リンチ監督の『エレファント・マン』で、この映画によってアカデミー賞のなかにメイクアップ賞が生まれたとされています。その第一回の受賞作は八一年の『狼男アメリカン』で、その監督のジョン・ランディスは、のちにマイケル・ジャクソンのミュージックビデオ『スリラー』(一九八三年)の監督を務めています。

ただし、一九八〇年代の特殊メイクの再評価の背景には、七〇年代に始まるいわゆるスプラッター映画の流行があります。スプラッター映画とは、いっぱい人が死ぬ、いっぱい血が流れる映画のことで、その代表作は七八年のジョン・カーペンター監督の『ハロウィン』であり、ジョージ・A・ロメロ監督の『ゾンビ』です。

映画史上、着ぐるみを使用したものとして有名なのは日本の『ゴジラ』(監督:本多猪四郎、一九五四年)です。ただし、着ぐるみとは最近の用語で、ゴジラの時代はぬいぐるみと呼んでいました。これは日本の歌舞伎・狂言での伝統的な呼び方を継承したものです。

ミニチュア撮影は、戦争での大がかりな戦闘シーンや町が大災害に遭うシーンなどで使われますが、その場合多くがスローモーション撮影でおこなわれます。日本のミニチュア撮影で有名なのは、円谷英二が特殊撮影を担当した四二年の『ハワイ・マレー沖海戦』(監督:山本嘉次郎)です。特殊撮影のあまりの見事さに戦後この映画を見たGHQ(連合国軍総司令部)の係官が、実際に真珠湾で撮影したものだと勘違いしたという伝説があります。

そのほか、初期の映画で用いられた技法として、グラスショットという背景をガラスに描いてカメラの前に置いて撮影するというものもあります。

②光学系の特殊効果

二つ目は光学系の特殊効果です。代表的な技法は多重露出、あるいは多重露光です。これは二枚以上のフィルムを重ねて映像を合成する技法のことです。二枚のフィルムを重ねた場合は、二重露出といいます。前にも紹介したメリエスの『ゴム頭の男』で用いられている技法です。

また、背景を撮影したフィルムをスクリーンに映写し、その前で俳優に演技させるという技法があり、これをプロジェクションプロセスといいます。白黒映画のプロジェクションプロセスをリアプロジェクションまたはスクリーンプロセス、カラー映画のそれをフロントプロジェクションといいます。白黒映画時代の車のなかで会話するシーンは、ほとんどがスクリーンプロセスで撮られています。懐かしいイメージが感じられる技法です。

背景と俳優を別々に撮影して現像で合成する技法としてマットプロセスがあり、同種の技法や呼称としてブルースクリーンやクロマキーがあります。これはテレビ業界でもよく使われる技法です。緑色の幕の前で俳優が演技をしたり、気象予報士が天気予報をしたりというシーンを見たことがあるかもしれません。緑色の部分に背景の映像を合成するのです。

③撮影速度による特殊効果

三番目は撮影速度による特殊効果です。これは、撮影のときのフィルムの回転速度を変えることで上映時に特殊な速度の運動を生み出す技法です。ファーストモーションとスローモーションがあります。

カメラの撮影速度は一秒間に二十四コマで、これは一九二〇年代末、トーキー映画成立以後の世界標準です。なぜそうなったのかというと、音と映像を合わせるために一秒間のコマ数を固定する必要があったからです。ですから、その必要がなかったサイレント時代のコマ数はばらばらです。たとえば、リュミエール兄弟のシネマトグラフは一秒間に十六コマ、サイレント時代の映画は十六コマから二十四コマまで様々でした。トーキー映画よりもコマ数がちょっと少なかったのです。だからサイレント時代の映画を現代の上映機で上映すると、若干動きが早くなります。ファーストモーションになるのです。なんだかサイレント映画全般がちょこまかした動きで、コメディーっぽくなるのはコマ数に原因があるのです。

ファーストモーションは、撮影時に低速度で撮影して上映時に標準の速度で上映する技法で、これによって非

図5-1　『駅馬車』
（出典：DVD ビデオ『駅馬車』ファーストトレーディング、2011年）

図5-2　『七人の侍』
（出典：DVD ビデオ『七人の侍』東宝、2015年）

常にスピード感あふれるアクションシーンが生まれます。日本ではコマ落としといいます。

　ジョン・フォードは、一九三九年の『駅馬車』で、駅馬車とネイティブ・アメリカンの追っかけシーンをファーストモーションで撮り、世界に衝撃を与えました（図5―1）。彼はアクションのポイントをコマ落としと砂煙だといっています。フォードに影響を受けた黒澤明も、コマ落としと水煙《みずけむり》を使った映画『七人の侍』（一九五四年）を撮っています（図5―2）。

　アクションでのコマ落としの手法は西部劇の衰退以降はしばらく使われませんでしたが、それを大々的に復活させてアクション映画を刷新したのが、一九七〇年代以降の香港映画、とりわけカンフー映画です。そこでは目にも留まらないようなアクションが、ファーストモーション、コマ落としで表現されました。

スローモーションは、ファーストモーションと逆で、高速度で撮影して通常の速度で上映します。近年では通常の速度で撮影しても、のちにそれをコンピューターでデジタル補正してファーストモーションやスローモーションを作ることが可能になっています。ランピングやスピードランプといいます。

同様の技術に逆モーションがあります。撮影したフィルムを逆に回して上映することです。これはすでにリュミエール兄弟がおこなっています。プールへの飛び込みを逆モーションにして、水面から飛び込み台に戻ったり、割れた花瓶がもとに戻ったり、映画でしかありえない運動が表現されます。ですから逆モーションの映像に出合うと、現在の私たちは、これは映像のトリックであると真っ正直に告げられることになり、ある種の古くささ、子どもっぽさを感じることになります。しかし、逆モーションだとわからないように巧妙に使うと、逆モーションは夢のような、あるいは悪夢のような不思議な効果を引き起こします。

近年それをおこなったのが中田秀夫で、彼は一九九八年の『リング』で貞子の動きのなかに逆モーションを入れて、悪夢のような動きを作り出しました。何年か前まで、私の授業では貞子の登場シーンを実際に見ていたのですが、逆モーションがあまりに微妙なため、見直してもなかなか気づいてもらえませんでした。そして怖すぎてみんなにちゃんと見てもらえないということでやめにしました。興味がある人は探してみてください。

撮影時に一コマ一コマ撮影し、それを通常の速度で上映する技法を、ストップモーションといいます。日本語でコマどりといいます。これは、アニメ制作の技法と同じもので、一八七八年のマイブリッジによる連続撮影など、映画以前の動画装置、そして最近のCGの試みとも共通する、きわめて広範に利用されている技法です。私たちが目にするストップモーションは、NHKの『ニャッキ!』(一九九五年)や『ピングー』(一九九三年)、『ウォレスとグルミット』(二〇〇九年)のような子ども向けの作品というイメージが強いものが多いですが、映画史のなかで大きな影響を与えたのは一九三三年の『キング・コング』(監督:メリアン・C・クーパー/アーネスト・B・シュードサック、特撮:ウィルス・オブライエン)です。この映画では、キング・コングの動きがストップ

図5-3　『キング・コング』
（出典：DVD ビデオ『キング・コング』アイ・ヴィー・シー、2011年）

モーションで作られました。

　キング・コングがニューヨークに現れるシーンは有名ですが、撮影に使われたキング・コングは五十センチくらいの人形で、それをストップモーションで動かして作られています（図5―3）。飛行機が機銃で攻撃するシーンは、プロジェクションプロセス（スクリーンプロセス）を用いています。背景を撮影したフィルムをスクリーンに映写し、その前で人形を動かすというやり方です。この特殊撮影を担当したウィルス・オブライエンは、一九二五年の『ロスト・ワールド』（監督：ハリー・O・ホイト）でも、ストップモーションで都会に現れた恐竜を表現しましたが、その八年後に『キング・コング』という伝説的な映画を作り上げたのです。

　この『キング・コング』に衝撃を受けてオブライエンの弟子になったのがレイ・ハリーハウゼンで、彼はのちに「シンドバッド」シリーズを作り、優れたストップモーション映像を作り上げていきました。そのハリーハウゼンが特殊撮影を初めて担当したのが一九五三年の『原子怪獣現わる』（監督：ユージン・ローリー）で、この作品が五四年の『ゴジラ』（監督：本多猪四郎）に影響を与えたことはよく知られています。ゴジラの特撮監督だった円谷は、『キング・コング』や『原子怪獣現わる』のようなストップモーションでゴジラを作ることを目指していましたが、資金や日程の問題で着ぐるみにしたということです。また、「スター・ウォーズ」シリーズの監督ジョージ・ルーカスもハリーハウゼンに大きな影響を受けたことを公言しています。

　一コマ一コマ撮影し、それをつなげるというストップモーションの技法は、その後コンピューターによって再生されます。ラリーとアンディのウォシャウスキー兄弟（当時）監督の『マトリックス』（一九九九年）の「マシンガン撮影」がそれです。キアヌ・リーブスが銃弾をのけぞりながらよける有名なシーンです。ショットガン撮影ともタイムスライスともいいます。

この技法は、その後スポーツ中継でも導入されました。アメリカンフットボールのスーパーボウル、そして最近日本でも、フィギュアスケートで使用されました。また、プロ野球でもアイビジョンという名前で導入されましたし、東京二〇二〇オリンピックの中継でも何カ所かで使われました。技術上と金銭上の問題で日常的に使用するのは難しい面があるのですが、新たな可能性をもつ技法だと思います。

2　瞬間の美学——スローモーション

スローモーションは、再生映像として、一九五〇、六〇年代にはテレビのスポーツ中継のなかで多用されるようになりました。テレビでスポーツを目にするたびにスローモーション映像に接するという体験、十年以上にわたる映像世界のなかのスローモーションの氾濫は、映像感覚に変化を起こしていきます。また、スポーツ映像として消費されることによって、スローモーション自身のなかにも変化が起こっていきます。ここからは、スローモーションの効果と再生映像の効果についてみていきます。

速度の表現

スポーツ映像のなかでのスローモーションが、映像文化の主流である劇映画にもたらした変化は、サム・ペキンパーの映画のなかに現れます。

ペキンパーは最後の西部劇監督と呼ばれた監督で、現代アクションの原型を作りました。その特徴の一つが、スローモーションの導入です。たとえば、一九六九年の彼の作品『ワイルドバンチ』のなかで、盗賊団のワイルドバンチが自分たちの仲間を助けるために軍隊の砦に乗り込むシーンです。現代の私たちの目で見ると特に不思議ではない、ごく普通のアクションシーンのように見えます。しかし、アクションシーンのなかに突然スローモーションが現れるのは、六〇年代には衝撃的な出来事でした。命に関わるシーンなのに、突然スローモーションになる。その滑稽さを揶揄するコントなども登場したくらいで、どれほどそれが常識を覆すものだったかがわかります。この手法はすぐ一般化していきました。現在では、こうしたスローモーションの技法は特別なものではなくなり、ペキンパーの名もほとんど忘れ去られています。

従来、アクション映画のなかでスピード感あふれるアクションを表現するためには、コマ落とし、ファーストモーションが使われていました。フォード的な伝統です。速さを速さで表現する手法です。しかし、スポーツ中継のなかでスローモーションに接していくうちに、スローモーションは映像としては遅いけれど、実は現実の運動としては速いのだという了解が広がっていきます。私たちが見ているスローモーション映像は、実は目にも留まらぬほど速いので、それをスローモーションにして見ている。だからこの遅いスローモーション映像は、現実にはとても速いのだという了解です。そういう了解が観客に生まれているからこそ速さを遅さで表現することができたのです。

速さを速さで表現するフォード的な伝統から、速さを遅さで表現する現代的な、ペキンパー的な伝統への転換がこのときに起こったのです。ペキンパーは、スローモーションを導入することを思い付いたきっかけとして、黒澤の『七人の侍』を挙げています。『七人の侍』のなかで侍が盗賊を切り捨てたとき、盗賊がスローモーションで倒れるシーンがあります。そのシーンがペキンパーにインスピレーションを与えました。アクションの歴史のなかで、フォード→黒澤→ペキンパーと三人がつながっているのです。

「決定的瞬間」の表現

スポーツ中継のなかで、スローモーションされるシーンは重要です。試合の展開のなかで重要な転換点、試合を決めたゴール、ホームラン、そういうシーンは何度も反復されます。ということは、スローモーションされるシーンは「決定的瞬間」であるという映像的了解が成立しているということです。

銃で撃たれて胸を押さえてスローモーションで倒れていけば、「あ、この人は死ぬんだな」と了解する。ここで決定的なことが起こった、起こっている、起こるだろうとわかるのです。たとえば男性が女性と出会ったときに、女性がスローモーションで現れたとします。「出会いはスローモーション」という歌詞もありますが、すると男性は女性に心を奪われ、恋に落ちたのだな、決定的な出会いの瞬間なのだなと観客は了解します。スローモーションは「決定的瞬間」の表現として使われるようになるのです。

異界感覚の表現

スローモーションは「異界」の感覚をもたらす技法としても用いられるようになります。たとえばスポーツ中継のなかでスローモーションで再生しているプレーは、目で見ることもできなかった瞬間の出来事の世界であり、しかも多くは偉大な出来事がなされた世界です。不可視の運動は不可視の世界からのものであり、「異界」を予想させる。偉大な出来事を成し遂げた人は世俗の私たちとは違う、「異界」の人である。そういう映像的了解です。だから神が現れる、天使が踊っている、スーパーヒーローが現れる、そういったときにスローモーションになるのです。

ノスタルジアの表現

スローモーションは、必ず再生映像として現れます。つまりスローモーションは、すでに起こってしまったこと、取り返しがつかないこととして現れるのです。するとそこに、ある種のノスタルジーがまとわりつきます。たとえば失われてしまった子どものころの記憶を思い出すときにスローモーションとして現れる。失われた恋人の記憶がスローモーションとして表現される、というようなある種の定型表現として流通しています。現在起こっていることも、スローモーションとして表現されることでノスタルジーを帯びるのです。

以上、四つの効果について考えてみましたが、スポーツ中継のなかの手法として使われていたスローモーションが、それ自体変化して劇映画のなかで様々な効果を帯びるようになったのです。ここでは代表的な四つの効果に絞って考えてみましたが、これ以外にも数多くの効果が生み出されています。

3　再生映像――スペクタクルの映像

反復の追放

スローモーション映像は再生映像であり、映像世界のなかだけで存在するものです。現実の世界で、再生映像のような出来事が起こることはありえません。その場所、そのときの一度だけの出来事です。反復はありえません。また、物語の世界でも、再生映像のような記述を繰り返すことはほとんどありえません。ある記述の次にそれと同じ記述が続くということは、印刷ミスか詩的表現をねらったものでないかぎり、ありえません。それは映像表現でも同じです。男性がつまずいて転んだという映像の次に全く同じ映像をつないで反復させるということは、物語としては無意味だからです。

だから、このような再生映像は、一九一〇年代に劇映画の古典的技法が成立してから、すなわち古典的編集法が成立してから、映像世界のなかから追放されていきます。なくてもいいもの、むしろないほうがいいものと見なされていったのです。しかしそれ以前の、〇〇年代の初期映画の時代には、再生映像的な技法は、映像の世界で広く受け入れられていました。それを示す映像が、先に取り上げた『レアビット狂の夢』の監督エドウィン・ポーターの〇三年の作品『アメリカ消防夫の生活』です。

初期映画での反復――スペクタクルの映像

ポーターは一八七〇年にアメリカで生まれました。一九〇〇年にエジソン社に電気技師・写真家として雇われ、そのうち映画製作にも関わり、〇三年の『大列車強盗』によってアメリカ最初の劇映画・西部劇を作りました。前回の講義で取り上げた『東への道』のグリフィスは「アメリカ映画の父」といわれていますが、ポーターは「アメリカ映画の祖父」といわれています。それはグリフィスを映画界に誘ったのがポーターだったからです。〇八年の『鷲の巣から救われて』で、ポーターはグリフィスを俳優として採用したのです。

ポーターの『アメリカ消防夫の生活』では、再生映像的な技法が使われています。たとえば消防士が燃えている家の二階にいる親子を救うシーンです。最初はベッドにいる親子を消防士が見つけ、抱きかかえて窓から運び降ろします。いったん妻と子どもを救ったのに、また話はもとに戻って、もう一度消防士は、今度は部屋の外から梯子をかけて妻と子どもを救いに向かうのです。不思議な編集方法ですね。劇映画的な手法に慣れている私たちは、おかしいと感じてしまう。こんな編集方法は、劇映画的編集方法が未成立な、未熟な段階の産物なのでしょうか。いいえ、違います。物語の語り方がわからなかったから、こんな編集をしたのではなく、物語を語ることとは異なる映像の楽しみ方をもっていたからこそ、こんな編集方法をとったのです。つまり映像への接し方が、現在の私たちと違っていたのです。

ガニングという映画研究者は、初期映画を「アトラクションの映画」と呼び、同名の論文で「アトラクションの映画は観客の注意をじかにひきつけ、視覚的好奇心を刺激し、興奮をもたらすスペクタクルによって快楽を与える」といっています。アトラクションとは、遊園地のジェットコースターやお化け屋敷のような見せ物のことです。アトラクションは視覚的スペクタクルによって、私たちの運動感覚を揺るがし、興奮を与え快楽を与える。運動と情動をもたらすスペクタクル、それがアトラクションです。

初期映画の時代の映像は、物語を語るためのものではなかったのです。それはアトラクションの一種で、映像はスペクタクルを提供するためのものでした。一九一〇年代に劇映画の古典的技法が成立して以降、人々は演劇を見るように映像を見だしますが、初期映画のころはそうではなく、観客はアトラクションを楽しむように映像に接していたのです。

先ほどの『アメリカ消防夫の生活』の救出シーンに戻りましょう。なぜ、救出シーンを部屋の内側で見せたあと、部屋の外側からもう一度見せる必要があったのでしょうか。その理由は、その映像がスペクタクルだったからです。救出シーンこそが最大の見せ場だったから、もう一度見せようとしたのです。それは、ホームランのシーンが見せ場だから、もう一度再生映像を見せようという映像感覚と同じです。

ここで、スペクタクルの映像の特性が一つわかります。それは、反復ということです。面白ければ、飽きるまで何度でも反復する。それがスペクタクルの論理です。それは物語の論理とは異質です。そして初期映画の時代は、それが支配的な映像の見方、接し方だったのです。十九世紀の動画装置の映像もそうでした。

スペクタクルの映像の復活とスポーツ映像

映像世界のなかから追放されてしまったスペクタクルとしての、アトラクションとしての映像の見方。それを復活させたのが、スポーツ中継です。一度失われた再生映像が、スポーツ映像のなかで復活する。視覚的快楽をもたらす映像が、スポーツ中継のなかで何度でも再生される。物語映像と違う映像の論理がスポーツ映像のなかで復活したのです。

こうしてスポーツ映像のなかで復活したスペクタクル映像は、劇映画のなかに逆流していきます。スローモーション映像がゆっくりと劇映画のなかに浸透していったのと同じように、存在することが許されなくなった再生映像が復活してきます。それは、まずハリウッドから遠く離れた周辺的な映画のなかで現れました。

たとえば一九八三年の香港映画『プロジェクトA』（監督：ジャッキー・チェン）のなかでの、ジャッキー・チェンが時計台から落下するシーンです（図5―4）。このシーンは、厳密な意味での再生映像ではありません。

しかし、二度落ちているのです。彼はなぜ二度落ちる必要があったのでしょうか。物語の論理からみたら、二度落ちるというのはありえません。二度落ちたのは、それがスペクタクルだから、見せ場だから、視覚的快楽が与えられるからにほかなりません。ここでは、物語の論理よりもスペクタクルの論理が優越しているのです。

現在では、再生映像的な技法もよくみられるようになりました。アクションシーンでの爆発が角度を変えて何度も反復される、自動車のクラッシュが二度三度と反復される。それらはもう定番の表現にさえなっています。

こうして、一度映像世界から追放されてしまった再生映像が復活しました。それはまた、一度失われたスペクタクルとして映像が復活したことを意味します。スローモーション、再生映像が多用されるスポーツ中継は人類が初めて映像に接したときに感じた興奮を復活させ、映像感覚に変化をもたらし、ついに劇映画を変化させました。現在、最も多くの人が接する映像がニュースやドラマではなく、オリンピックやワールドカップなどのスポーツ映像であるのも、スポーツ映像の本質がスペクタクルにあるからではないでしょうか。

図5-4　『プロジェクトA』
（出典：DVD ビデオ『プロジェクトA』NBC ユニバーサル・エンターテイメント、2012年）

参考文献

トム・ガニング「アトラクションの映画」、長谷正人／中村秀之編訳『アンチ・スペクタクル——沸騰する映像文化の考古学』所収、東京大学出版会、二〇〇三年

映像

『レアビット狂の夢（*Dream of a Rarebit Fiend*）』監督：エドウィン・ポー

ター、一九〇六年（https://www.nicovideo.jp/watch/sm7242082）［二〇二三年十二月四日アクセス］
『キング・コング（*King Kong*）』監督：メリアン・C・クーパー／アーネスト・B・シュードサック、特撮：ウィルス・オブライエン、一九三三年
『ワイルドバンチ（*The Wild Bunch*）』監督：サム・ペキンパー、一九六九年
『アメリカ消防夫の生活（*Life of an American Fireman*）』監督：エドウィン・ポーター、一九〇三年（https://www.youtube.com/watch?v=9Fm9kUzclhQ）［二〇二三年十二月四日アクセス］
『プロジェクトA（*Project A*）』監督：ジャッキー・チェン、一九八三年

講義６　音響効果論

スポーツと音は密接に関係しています。一流のアスリートになるには、耳がよくないといけないとしばしばいわれています。後ろから走ってくる相手はどの方向からなのか、どのくらい離れているのか、自分に追いつけるのかを選手は音で判断します。シャトルを打つ音で、バットを振る音で、ドリブルが床に立てる音で、選手は相手の実力を判断します。

一流選手が立てる異次元の音にふれること、それはスポーツを生で見る喜びの一つです。若くて小柄なフィギュアスケート選手。しかし、その氷を削る音は、彼女／彼らがまさしく正真正銘のアスリートであることを教えてくれます。私たちは音によって、スポーツ選手の過去と現在と未来を知ることができるのです。

また、スポーツ観戦には、観客の音の快楽もあります。応援団の組織だった応援も、風物詩としてスタジアムの快楽の一部ですが、試合中には敵味方を超えてスタジアム全体が一斉に息をのみ、我を忘れて叫びだす瞬間があります。スタジアムが、何万という人間が、一体になるのです。そのとき群衆は音として実在し、音によって一つであることを実感するのです。それはスタジアム以外では経験することができない体験です。

このように、スポーツの快楽は音によるものが非常に大きい。しかし、スポーツ中継から聞こえてくる音は、ほかの映像文化と同様に選択され整理され増幅された人工音です。私たちが見ている映像がすべて選択された映像であるのと同様に、音もすべて選択された音です。現場の音がそのまま聞こえているということはありません。たとえば何年か前に中国で反日運動が起こったとき、たまたま現地でサッカーの試合をしていた日本のサッカーチームが、観客から大きなブーイングを浴びたと報道されました。ところが、この試合のテレビ中継には、ブーイングはほとんど入っていませんでした。テレビ中継では音を選択できるのです。私たちがスポーツの快楽と見なしている音の多くは、スポーツ中継のなかで雑音として、あるいは効果音かＢＧＭの類いとして処理されています。そして、そこでの主役はアナウンサーと解説者の声であり、それらが映像を支配しています。

今回の講義では、映画での音の歴史と分類を手短にみたあと、音の効果について考えてみましょう。そして、スポーツ中継で支配的なナレーションについて、映画史的な観点から考えてみましょう。

1　トーキー映画の発生

映画はもともと音とともにありました。いわゆるサイレント映画の時代も、人々は音がない映像だけの映画を見ていたわけではありません。映画館には常に音楽が流れていました。小さな映画館はスクリーンの横にピアノ一台が、大きな映画館にはオーケストラがありました。日本の映画館には、楽団のほかに弁士という人が座っていて、声色を使って画面を説明したりしていました。

ですから同じ映画なのに、映画館によって曲も違えば演奏も違う、弁士も違う、受ける印象も違っていたのです。映画そのものには音はついていませんでしたが、映画館には音があふれていました。ごくまれな例外を除いて、最初から映画館には音があったのです。

このサイレント映画の時代、多様な音楽が流れていた時代が、一九二〇年代末に終わりを迎えます。一つの映画には決まった音楽、決まった音と声のトーキー映画時代の始まりです。

最初の試みは、ワーナーという映画会社が作った一九二六年の『ドン・ファン』（監督：アラン・クロスランド）です。しかし、『ドン・ファン』という映画そのものは、全くのサイレント映画です。どこがトーキーかというと、映画が始まる前に何組かの音楽家が登場して、映画と関係がない歌や曲を歌ったり演奏したりする部分なのです。サイレント映画時代は、一部の映画館ではお抱えの楽団や歌手が映画が始まる前に前座として歌を歌ったり合奏したりということがあったのですが、その興行上の慣習が映像化されてトーキー化されたのです。しかし本篇の『ドン・ファン』は、全くのサイレント映画でした。

本篇の映画の部分がトーキー化されたのは、一九二七年の『ジャズ・シンガー』（監督：アラン・クロスランド）が最初です。『ジャズ・シンガー』のなかでは、主人公が歌う数カ所のシーンがトーキー化されただけなのですが、それでも衝撃は大きく、世界は一斉にトーキー化に向かいます。そして翌年、完全トーキー化された『紐育《ニューヨーク》の灯』（監督：ブライアン・フォイ）が完成します。

世界に衝撃を与えた『ジャズ・シンガー』の主人公アル・ジョルスンは、教会音楽の家に生まれた男性ですが、父に反抗して大衆音楽であるジャズ・シンガーの道に進みます。ジョルスンが場末の舞台で歌っているシーンがトーキー化された部分です。現在販売されているものはビデオ自体に音が付いているので、どこからトーキーになるのかわかりにくいかもしれませんが、歌を歌い始める前に少し音質が変わるので、注意して聞くとわかると思います。

このシーンでジョルスンは二曲歌いますが、曲の間に観客に向かって「君たちはまだ、何にも聞いちゃいないぜ」みたいなことを言います。これが映画史上初めて発せられた言葉なのですが、これは物語のなかでは「一曲聞いたくらいで、聞いたと言われちゃ困るよ、これからが本番だ」という意味になります。しかし、このせりふを映画の歴史の上に置いてみると、「君たちはサイレント映画で音を聞いてきたかもしれないが、まだ何にも聞いちゃいない、本当の音はこれから始まるのだ、映画の本当の始まりはこれからだ」と言っているように聞こえます。トーキー時代が始まる革命宣言のような時代を象徴する言葉として、人々に受け取られたのです。だからジョルスンのこの言葉は有名になりました。日本語では「お楽しみはこれからだ」という字幕が付きました。映画が、映像と音のマルチメディアへと進化した瞬間です。

完全トーキー化された映画が一九二八年に現れましたが、翌年には世界大恐慌が起こり、世界は未曾有の不況と混乱に襲われます。しかし、そのような不利な状況にもかかわらず、トーキー化は停滞・後退することなく進んでいきます。

トーキー化が進んだ背景には、ラジオの台頭があります。一九二〇年代に入るとラジオの公共放送が世界中で始まり、大衆の関心を一気にさらっていきます。とりわけラジオから流れてくる音楽は、大きな魅力の一つでした。これに映画界は大変な危機感を抱きます。それまでの土曜日の夜は家族で映画を見るという生活のパターンが、土曜日の夜は家族でラジオを聞くというものに取って代わられる可能性が出てきたからです。トーキー化の背後には、映画とラジオの間のヘゲモニー争い、どちらが主導権をつかむかのメディア間の闘争があったのです。この時期、ラジオの普及と同時に蓄音機とレコードも大衆化していきます。それは録音技術の進化をもたらし、ひいては映画のトーキー化の技術的基盤を支えていきました。

そして、ラジオ放送は、「番組」中心主義というメディア様式を作り出し、これがのちのテレビ放送の原型になります。テレビは映像装置だから、視覚重視のメディアだと思っている人も多いと思いますが、実はテレビで主導的な位置を占めているのは言語であり、映像は従属的な位置にあります。テレビのスポーツ中継で、映像よりも言語が重視されるのは、テレビのメディア的本性といえます。この講義での映像分析の対象がテレビではなく、映画とりわけサイレント時代の映画であるのは、このことと密接に関係しています。映像の技法はほとんどがサイレント映画時代に形成されたからです。

2　映画での音

映画の演劇化

映画に音が入ることで、映画は大きく変わっていきます。まず、映画の演劇化が加速します。それまで劇映画が進行するなかでも存在していた、映像によって表現しよう、運動によって表現しようという志向は逆風にさらされ、衰退していきます。言語と物語が優先していき、映像によって語るのではなく、言葉によって説明するようになります。〈映像とは運動である〉という側面が、ますます忘れ去られていきます。

トーキー化されることでなくなっていったジャンルの一つが、スラップスティックです。スラップスティックについては、次回の講義7「スラップスティック論――走る身体」で詳しく説明しますが、サイレント時代にとても人気があった身体的表現を用いたコメディーです。チャールズ・チャップリンやバスター・キートンがこのジャンルを代表するコメディアンです。トーキー以後、身体で表現するコメディーは衰退し、言葉を用いたナンセンス喜劇が主流になります。マルクス兄弟がその代表です。

トーキー以後、音を売り物にしたジャンルが生まれます。ミュージカル映画です。これについては、講義8「ミュージカル映画論――踊る身体」で詳しく説明します。いわゆる恐怖映画も続々と作られていきます。ドラキュラやフランケンシュタイン、狼男を中心に据えた定番の恐怖映画がこの時代に作られ、大衆的人気を獲得しました。実は、恐怖映画の恐怖の実体は音でした。映像以上に音が恐怖を与えるのです。またギャング映画も勃興します。その売りは機関銃の音でした。

撮影現場の変化

トーキーは撮影現場も激変させます。サイレント時代は、太陽を光源にする必要もあり屋外で普通に撮影されていましたが、トーキーになると音の管理上、スタジオ録音が常態化します。音の鳴る拍子木とボードがくっついたいわゆるカチンコもこの時期に登場します。カチンコは、映像と音を一致させるために使う道具です。

そして雑音が生じないように撮影現場は一変します。そこでは緊張と沈黙が支配するようになります。撮影と同時に録音することを同時録音、オンレコやシンクロなどといいます。撮影後に録音することをスタジオ録音やアフレコといいます。現在ではほとんどの映画はアフレコで作られています。もちろん、同時録音にこだわるストローブ＝ユイレのような映画監督もいますし、過去にはジャン・ルノワールのような偉大な監督も、生の録音で作品を作っていますが、現在の多くの作品はアフレコです。

よく似た言葉にアテレコがありますが、これはアニメや海外映画の実写の映像に合わせて音を入れることです。

様々な音の登場

トーキー以後、音にも様々なものが加えられていきます。映画のなかの音は、三つの部分、声・音・音楽に分けられます。せりふを中心にした声、効果音などの音、そしていわゆる映画音楽などの音楽です。デイヴィッド・ボードウェルは『フィルム・アート』という映画の教科書のなかで、映画の音を発話・音楽・ノイズ（＝音響効果）に分けていますが、用語の違いはあっても、声・音・音楽と分けて考える点では一緒です。この声・音・音楽にも、トーキー映画的な特徴が生まれていきます。その特徴の一つは、物語世界の音に加えて非物語世界の音が加わることです。

映画の声の世界には、登場人物のせりふのほかに、物語世界では発声しない登場人物の独白の声などが画面から聞こえるようになります。さらにナレーションも加わり、映像を説明するようになっていきます。ナレーションを効果的に用いたのはフィルム・ノワールといわれるジャンルで、これについてはあとでもう一度取り上げます。

そして、生活音や自然音などの映画のなかの背景音とは別の効果音が生まれます。悲しい場面では悲しげな音が流れ、登場人物がショックを受けたときには「ガーン」などの音が加わります。これは一部の演劇でも用いられていた技法ですが、映画ではこれが大々的に用いられるようになります。

さらに音の強調は、生活音や自然音の変化にもつながります。波の音がアズキを容器のなかで流して人工的に作られていることを知っている人も多いと思いますが、映画のなかで用いられる生活音や自然音、足音や風の音などがすべて人工的に作られるようになります。これはマイクから聞こえる本物の音、本物の足音や本物の風の音が、本物らしく聞こえないということ、すなわち耳で聞こえる音とマイクが拾う音は違うことに人々が気づいていく過程でもありました。

これによって、同時録音よりもアフレコが多用されるようになり、また映画から流れてくる音は生活音や効果音の区別なく、すべて人工的に作られるようになります。しかし、その後、本物らしく聞こえないことも一つのリアルの表現だと考える人も現れるようになり、あえて本物の録音をそのまま使うというやり方も出てきます。

また、音楽も映画のなかで最初から最後までずっと流れるようになります。登場人物がピアノを弾いたり歌を歌ったりという音楽のほかに、いわゆる映画音楽が加わるようになるのです。それもテーマ音楽だけではなく、ほとんど効果音のような音楽も流れるようになります。これはオペラやオペレッタ、欧米のミュージカルやボードビルのような大衆演劇の音楽、それからサーカスのなかでの音楽の使い方の流用です。映画では、ミュージカル映画に限らずほとんどの映画で音楽が使われるようになり、なかには始終音楽が流れているような映画も作られます。

こうして次第に非物語世界の音楽、すなわち物語世界のなかでは流れていないはずの音楽が、一種の効果音のような役割のために利用されるようになりました。

フレームの外の音も

さらに物語世界のなかに、オンスクリーンの音とオフスクリーンの音の区別が出てきます。オンスクリーンとはフレームのなかの音源からの音であり、オフスクリーンはフレームの外の音源からの音のことです。つまりトーキー以後、映像にとらえられていない、フレームのなかにないところからの音を入れることが可能になったのです。これは映像の作り方を変えていきます。

たとえば恋人同士が駅のホームで別れを惜しんでいたとします。そこに発車のベルが鳴る。いよいよ悲しむ二人というシーンを撮るとします。サイレント映画であれば、ホームの二人のショット、発車のベルのショット、悲しむ二人のショットになります。発車のベルが鳴ったことを映像で示す必要があるからです。しかし、これがトーキー映画であれば、映像は二人に固定して、発車のベルはオフスクリーンの音として流せばいい。発車のベルを映す必要はなくなるのです。

このように音によって、スクリーンの外で起こっている出来事を示すことができるようになりました。映像の可能性が広がったのです。ソ連の映画作家セルゲイ＝ミハイロビチ・エイゼンシュテインは、従来のようなサイレント映画時代の映像と映像のモンタージュだけではなくて、トーキー映画の誕生によって、映像と音のモンタージュが生まれたと感じ、その関係を「垂直のモンタージュ」と表現して、その関係についての理論的考察を進めています。

ただ可能性が広がったからといって、必ずしもいい映画ができるわけではありません。それとこれとは話が別です。巨匠といわれるヒッチコック、ハワード・ホークス、フォード、ルノワール、小津安二郎、溝口健二など。彼らに共通するものは何かといえば、サイレント映画時代に映画を作り始めていることです。映画作りの秘訣は何かと問われて、多くの監督が、「言葉で説明するのでなく、映像だけ見ていれば物語の筋が理解できるような作り方をすることだ」と答えています。つまりサイレント映画のような映画作りをせよ、といっているのです。

彼らは、音や言葉で説明できないという制約があったからこそ、映像で語らせることに心血を注いだのです。ですから、トーキー以前のサイレント映画を未熟な映画とみるのは間違いです。また逆に、トーキー映画を堕落した映画とみることも間違いです。そうではなく、音の誕生によって映画作りの原理が変わったのです。

映画の音は、ここまでみてきた声・音・音楽をそれぞれ作ったあとに、それらすべてを混ぜ合わせる。この作業をミキシング、その作業をする人をミキサーと呼びます。このミキシングによって一本の音にして、最終的にフィルムの横に画像コマとは別に設けられている録音用トラック、サウンドトラックに付けます。

3　音の効果

音によってどのような効果が生まれたのでしょうか。

①音の中心化・周辺化

第一に、音の中心化・周辺化です。つまり聞かせたい音を選択し、強調し、聞かせたくない音を排除し、小さくし、消去することです。これは音響効果の中心的役割で、主流の考え方です。

②音の感情化

第二は、感情化です。被写体の、あるいはフレーム全体の情動を強調することで、被写体の感情を生み出し、画面に雰囲気を生み出します。

第一の効果と第二の効果が、音の効果のほとんどすべてです。効果音も映画音楽も、感情化のために生まれたものだといってもいいくらいの重要な効果です。

この第一の効果と第二の効果を実際に体験するには、ヴィットリオ・デ・シーカ監督の『自転車泥棒』(一九四八年)を見るのがいいでしょう。監督のデ・シーカはイタリア生まれで、第二次世界大戦中にデビューし、戦後活躍して、ネオレアリズモを代表する作家といわれています。ぜひ覚えておくべき、とまではいいませんが、教養として知っておいていい職人的作家だと思います。

『自転車泥棒』という作品は、第二次世界大戦後のイタリアを舞台にしています。職がなく貧しい男が、ようやく職をもらえそうになる。しかし、それには自転車が必要だ。男は自転車をもっていなかったが、妻の工面でどうにか手に入れることができ、職を手に入れることができます。しかし仕事を始めた矢先、自転車を盗まれてしまいます。自転車を失うことは職を失うことであり、貧困に戻ることです。男は息子を連れて街中を探し回りますが、自転車を見つけられず途方に暮れ、悩みに悩んだ末に自転車を盗んでしまいます。見てほしいのは、ここからのシーンです。音の使い方に注意して見てください。

音楽の使い方がいまと違うのです。非常にクラシックな使い方をしていると思いますが、印象に残るシーンといえば、やはり男が捕まって息子が男にすがって、「パパ、パパ」と泣きつくシーンでしょう。このとき、画面から息子の声が大きく聞こえてきます。しかし、現実的に考えれば、それはおかしい。屈強な若い男たちが寄ってたかって男を罵倒している場面です。全力疾走してようやく泥棒を捕まえた男たちのテンションはマックスに高まっているはずです。そんな男たちが十人くらい集まって怒鳴り合っているところで男の子が泣き叫んでいても、その声が聞こえるはずがありません。リアリズムに徹すれば、男の子の泣き声は男たちの怒号にかき消されてしまうはずです。しかし、画面からは「パパ」と言う男の子の悲痛な泣き声がいちばん大きく響いてきます。男の子の声が中心化されているのです。ここが聞かせどころ、泣かせどころだというわけです。

またその前の、男が途方に暮れて道端に座り込んでいるシーンでは、聞こえてくるサッカー場の群衆の声が男の悩みを増幅させ、煩悶を深める効果を与えています。彼はその後、自転車を盗みに向かうのです。このシーンではサッカー場の群衆の声が中心化されています。

一方、音の感情化は、終わりのマークが現れてエンドロールが表示されるときにひときわ大きく流れる映画音楽の使い方にみることができます。

このように中心化・周辺化、感情化は、とても多く用いられています。注意すればいくらでも見つけられるはずです。

③音の空間化

音の空間化は先ほどのオフスクリーンの音の使い方と関係してきます。フレームの外の画面に見えない物体や空間を現前化させる効果を音の空間化と呼びます。これを体験するには、ロベール・ブレッソン監督の一九八三年の作品『ラルジャン』がいいでしょう。ブレッソンは、ぜひ覚えておいてほしい監督です。特に『スリ』（一九五九年）という映画は名作です。

『ラルジャン』はブレッソンの遺作で、八十歳を超えたときの作品です。ラルジャンはお金という意味です。罪を犯した男性を女性がかくまっていてそれを家族に叱責されるというシーン、女性が殴られるという暴力的なシーンがありますが、女性が殴られる直前、「シュッ」という空を切る音がします。男性の手が飛んでくる音です。それを見て女性は目をつぶる。その瞬間、ショットが切り替わって女性の手のクローズアップに移る。このときの音と映像のリズムを見てください。

いうまでもありませんが、この空を切る音と次の「パン」という音で、女性が殴られたことがわかります。そして、当然ですが、空を切る音は誇張です。そんな音を出せるわけがありません。これは、女性が大変強く殴られたということを表現するための比喩的表現です。音によって、フレームの外で女性は殴られましたと表現している、空間化の例です。

では、なぜ空間化する必要があったのでしょうか。女性を殴るという暴力的なシーンなので、フルショットやミディアムショットで二人を撮っていたら、観客の視線は殴られた顔や殴った手にいくでしょう。ところが、殴られた瞬間、女性の手のクローズアップにショットが変わる。コーヒーカップを持った手はちょっと揺れますが、コーヒーカップを落とすことなくしっかり握って、男のもとに運びます。つまり、ここでは殴られたということではなく、殴られたけれどもコーヒーをこぼさなかったという、女性の強い意思を表現しようとしているのです。殴られた事実ではなく、こぼさなかったという意思を表現したかった。フレームのなかで映像化すると観客の視線を独占してしまうので、殴ったという出来事を音によって表現し、こぼさなかったことを示す手のクローズアップを映像化したのです。空間化はこのような表現を可能にします。

④音の時間化

音の時間化はわかりやすいと思います。未来を予想させる、何かが未来に起こることを示す音がありますね。日本の映画では、以前よく使われた、幽霊が現れるときの「ヒュウウウ」という効果音、バイオリンの弓をのこぎりで引いて出した音ですが、その音が聞こえると、観客は必ずこれから幽霊が現れることを予想したのでした。あるいは過去の記憶を呼び覚ます音もあります。音によって映像では見えない時間を表現できるのです。

⑤音の物語化

音の物語化とは何でしょうか。アンドレイ・タルコフスキーの一九六二年の作品『僕の村は戦場だった』でそれをみてみましょう。この映画の冒頭部分では二つの音が際立っています。一つはカッコウの声です。カッコウは春を告げる、幸せをもたらす鳥。少年はカッコウが鳴いていることを喜んで、母親に告げにいく。すると次の瞬間、恐怖の叫びとともに少年は目を覚まし、沼のなかに入っていく。すると、沼のなかを二つ目の音が切り裂く。「パン、パン」という照明弾の音です。このとき私たちはすべてを理解します。少年が夢のなかで聞いていたカッコウの鳴き声は、実は「パン、パン」という照明弾の音だったということです。そして、少年が置かれているのは戦争という過酷な状況であり、母親とカッコウの訪れを喜ぶ幸せな時代はすでに過去のもので、それを取り戻すことはできないということを知るのです。
タルコフスキーは、カッコウと銃声を重ね合わせることで、少年が置かれている物語的背景を一瞬で表現したのです。一つの音で物語化が可能になる一例です。

⑥音の異化

音の効果の使い方には、以上の五つ以外にもあります。講義４「編集論」で、編集に連続編集とは別に非連続編集があることを紹介しました。連続編集は時空間が連続しているように見える編集であるのに対して、非連続編集は意図的に時空間を混乱させる編集でした。それと同じ使い方が音にもあるのです。以上の①から⑤までの音の使い方は、物語に従属して、物語を補充するように音を使うものでした。それとは逆に、物語に反して、物語を混乱させる音の使い方があります。それをここでは音の異化と呼びます。

異化とは、見慣れたものを見慣れないものにすること、慣れ親しんだものをずらすことです。たとえば物語がハッピーエンドで終わるとします。いろいろな障害を乗り越えて、恋人たちが結ばれたときにバックで流れる音楽は、幸せそうな楽しい音楽であるはずです。しかしそのとき、悲しげな音楽が流れたらどうでしょう。ハッピーエンドと思われた物語に、実は悲しい結末が待っているように思えます。物語も俳優の演技も、主人公の男女には幸せな未来が待っていると表現している。しかし音楽は、主人公の男女には悲しい未来が待っていると告げている。物語に反した音楽のこのような使い方を音による異化といいます。

もちろん非連続編集が、連続編集を前提にしてはじめて機能するのと同じように、音の異化も、①から⑤までの物語に従属した効果を前提にしてはじめて機能します。①から⑤までで説明した空間化であれ時間化であれ、物語化であれ、フレーム内の見えている映像とフレーム外の見えていない世界を結び付けるのが、音の役割なのです。映像とはフレームのなかの世界です。しかし音はフレームの外の世界や次の世界、背景の世界を描くことができる。それが映像にある種の運動をもたらすのです。

4 ナレーションの効果とスポーツ中継の音

最後に、スポーツ中継での解説の効果について考えるために、ナレーションの効果を歴史的にみてみます。映画史でのナレーションの効果を知るためには、フィルム・ノワールという、一九四〇年代から五〇年代後半にハリウッドで盛んに製作された犯罪映画のジャンルの作品をみるのがいいでしょう。フィルム・ノワールのナレーションは独特です。その用法をみると、映像のなかでのナレーションの意味をよく理解できます。五〇年のビリー・ワイルダーの作品『サンセット大通り』の冒頭部分を取り上げてみましょう。

この映画は、ロサンゼルスのサンセット大通りを、二台のオートバイを先頭にしてサイレンを鳴らして走る三台の車の映像から始まります。男性の声のナレーションによって、それが殺人現場に向かう刑事や新聞記者たちであることがすぐにわかります。ナレーションは続けて、その関係者の一人が往年の大スターなので新聞は大きく書き立てるだろうが、記事からは真実は読めない、脚色がなされ真相が包み隠されるからだと言い、そして「僕が真実を語ろう」と言いだします。つまりこのナレーションの声の主は、自分だけが事件の真実を知っていると主張するのです。なぜかわかりますか? ナレーションの声の主は、この事件の被害者、腹と背中を撃たれてプールに浮かんでいる男だからです。すでに死んでしまった男が、取り返しがつかない過去について語ろうとしている、自らの過去性を主張しているのです。

映画でのナレーションは、これから展開する物語の説明をおこなうものですが、この映画では、その物語がすでに起こってしまった過去のものなのです。フィルム・ノワールでは、「過去」という部分が強調されます。フィルム・ノワールの語りは、取り返しがつかない自己の、自滅の物語を伝えます。そこでの話者の性格は、過去性と全知性を帯びます。フィルム・ノワールの話者の性格は、映像にナレーションを付ける行為そのものが帯びる性格を明らかにしています。つまり映像にナレーションを付けていくと、私はすべてを知っているという全知性を帯びるようになり、すべて起こってしまって取り返しがつかない過去のことだけについて論じがちだということです。

このような傾向は、スポーツ中継のなかでもみられます。ナレーション役のアナウンサーや解説者たちが、いつの間にか自分の全知性を主張するようになり、過去のことばかりに言及しがちなのは、ナレーションという行為そのものの特性によるのです。

スポーツ中継で解説者やアナウンサーの声に、個人の性格や知識や技術を超えて、何か本質的な違和感を覚えてしまうのは、それためです。なぜならスポーツとは、これから起きる出来事に向かってすべての感性を動員していく文化であり、未来に起こることを予期してそれに対応しようとする文化だからです。過去に起こったことについて語ろうとする姿勢とは本質的に矛盾するのです。普通の解説者は過去について語り、優れた解説者は未来について語る、最も優れた解説者は感動のあまり何も語れなくなる、という指摘はそれなりに的を射たものなのです。

ナレーションがもたらす全知性や過去性にとらわれずに、スポーツと音の関係を構築することはできないのでしょうか。

まず技術的な問題があります。カメラには、百メートル先の映像を撮る技術はありますが、マイクには百メートル先の音を録る技術は、少なくともテレビ中継にはありません。豊かなスポーツの音は、スポーツ中継のなかでは「雑音」「ノイズ」としてしか存在していないのが、現在の技術的水準です。まだ、スポーツ中継はスポーツの音を発見していません。ということは、これからスポーツ中継の音が発見されるということ、豊かな可能性が存在しているということです。

参考文献

デイヴィッド・ボードウェル／クリスティン・トンプソン『フィルム・アート――映画芸術入門』藤木秀朗監訳、飯岡詩朗／板倉史明／北野圭介／北村洋／笹川慶子訳、名古屋大学出版会、二〇〇七年
ミシェル・シオン『映画の音楽』小沼純一／北村真澄監訳、伊藤制子／二本木かおり訳、みすず書房、二〇〇二年

映像

『ジャズ・シンガー（*The Jazz Singer*）』監督：アラン・クロスランド、一九二七年（https://www.youtube.com/watch?v=yFaZOaLTkN0）［二〇二三年十二月四日アクセス］
『自転車泥棒（*Ladri di Biciclette*）』監督：ヴィットリオ・デ・シーカ、一九四八年
『僕の村は戦場だった（Иваново детство）』監督：アンドレイ・タルコフスキー、一九六二年
『サンセット大通り（*Sunset Boulevard*）』監督：ビリー・ワイルダー、一九五〇年

講義７　スラップスティック論――走る身体

追いかけは私にとって映画というメディアの最終的な表現だと思える。〔略〕追いかけというのは映画技法全体に特有のものとさえ言いたいくらいだ。

（アルフレッド・ヒッチコック『ヒッチコック映画自身』鈴木圭介訳〔リュミエール叢書〕、筑摩書房、一九九九年、一四八ページ）

反復とは、「原初の完全無垢な状態に返って、そこからふたたび始めて、やり直す」ことである。

（キルケゴール『反復』桝田啓三郎訳〔岩波文庫〕、岩波書店、一九八三年、二一九ページ）

前回までの講義では、〈映像技術と運動〉の関係をみてきました。フレーム論から始まり、移動撮影、編集、特殊効果、音響効果とテーマを移しながら、〈映像技術と運動〉の関係について、その歴史的な変化や基本的用語、効果について述べてきました。今回から講義の後半に入りますが、テーマをジャンル論と改め、〈ジャンルと運動〉の関係をみていきます。

映画の誕生から一九〇五年ごろまでの時代、いわゆる「初期映画」の時代は、アトラクションの映画の時代でした。映像が動くという、それまで人類が経験しなかった事実にスペクタクルな驚きと快楽を見いだした時代です。人類は、映画をジェットコースターに乗るように、お化け屋敷に入るように楽しんでいました。

しかし、それ以降の映画は、現在の私たちにもなじみが深い劇映画へと変貌していきます。映画館は遊園地ではなく、劇場になります。映画は、あらゆる要素が物語的な目的に従属していく「物語の映画」になっていきます。この劇映画、物語の映画をジャンル映画といいます。

ジャンルの定義

ジャンルの定義については、産業的カテゴリー、批評的カテゴリー、テキストの規則などの様々な定義があり、詳しい議論については今回の講義の「参考文献」の中村秀之の文献を参照してほしいのですが、ここでは加藤幹郎の『映画ジャンル論』の定義を借りて、ジャンル映画を次のように定義します。

> ジャンル映画とはなにか。それはスタジオ・システム下で製作／配給／興行されたフィルム群である。（略）映画会社各社は自社製品（フィルム）をよりよく売るために、それに人目を惹くラベルをはる必要がでてくる。それが、ここでいうジャンルである。

つまり映画を作るときや売るとき、見るときに参照する分類枠組みのことです。たとえばDVDを借りにレンタルビデオ店に行くと、棚ごとにラベルが貼ってあります。アクションやホラー、アニメ、SFなど。端的にいうとそのラベルがジャンルです。DVDを借りるとき、自分の好みに従ってその棚の前に立ちます。アクション映画なのか、ホラー映画なのか、SF映画なのか、恋愛映画なのか、分け方は様々ですが、大まかな分類があり、それによって私たちはDVDを選択します。ジャンルの好き嫌いも必ずあるはずです。アクション映画はよく見るがアニメは見ない、恋愛映画は好きだがホラー映画は近寄るのもダメなどの基準が見る側にあります。

売る側も、この作品はどの棚に置くのかを決めなければなりません。ジャンル分けができない作品は売る側からすると困ったものになります。

そして作る側も、ジャンルによって分類されています。アクション専門の俳優やホラー専門の監督、ミュージカルが得意な映画会社などの分類があります。一九五〇年代のスタジオシステム時代は、それがいまよりも明確でした。現在でも種類や様式は違いますが、ジャンルの存在は厳然としてあります。

これは映画だけに限ったことではありません。ほかの芸術でもジャンルは存在しています。たとえば音楽では、クラシック、ジャズ、ロック、Ｊポップ、ヒップホップなどというジャンル分けがあり、また、それらのジャンルがさらに細かなサブジャンルに分かれています。そして作る側も、クラシックの演奏家になる、ロックのギタリストになる、ヒップホップのシンガーになるというように、それぞれのジャンルに固有な何年もの修業遍歴時代を経て舞台に立ちます。また、それを売る側もジャンル分けがなされています。クラシック専門のレコード会社、ジャズ専門のレコード会社、あるいはオペラの殿堂、ジャズの聖地、ロックの聖地といわれる劇場、舞台、コンサート会場もあります。

文学にもジャンル分けがあります。純文学や大衆文学、ＳＦ小説、ミステリー小説、歴史小説、詩など様々です。書く側も、純文学の作家、歴史小説の作家、ＳＦ小説の作家というふうに分けられていて、ジャンルに応じた新人賞があり、それらを通じて作家が輩出されていきます。売る側も、ミステリーに強い出版社、ＳＦに強い出版社というジャンル分けが存在しています。

そして私たちは、どんな小説が好きか、どんなジャンルが好きかということで、その人を評価することがあります。音楽でも、クラシックが好きな人とラップが好きな人とでは評価が異なってきます。これは、いわゆるジャンルの社会的機能の問題で、社会学者のピエール・ブルデューらが切り開いた問題領域に入ります。社会学の講義ではないのでそこには立ち入りませんが、ジャンルにはこのような問題が存在していることを知っておいてほしいと思います。

このようにジャンルは、あらゆる芸術分野に存在している分類枠組みです。そのようなジャンルが映画にも生まれました。一九一〇年代のことです。加藤は、ハリウッド映画のジャンルを次の十個にまとめています。フィルム・ノワール、道化喜劇映画、スワッシュバックラー映画、ベトナム戦争映画、ファミリー・メロドラマ、スクリューボール・コメディー、恐怖映画とポルノグラフィー、ギャング映画、ミュージカル映画、西部劇。

このなかで聞いたことがないものもあると思います。道化喜劇映画は、今回の講義で取り上げるスラップスティックと重なるジャンルです。スワッシュバックラー映画は、西洋チャンバラといえばいいのでしょうか。フェンシングによる決闘を中心にした冒険活劇です。スクリューボール・コメディーもあとで取り上げますが、一九三〇年代にはやったコメディーのジャンルです。

もちろん映画のジャンルがこの十個に限定されているわけではなく、歴史的に変動していくものであり、現在すでに作られなくなっているジャンルもあれば、ここにない新しいジャンルもあります。また、ジャンル横断的な作品というものも存在し、ジャンルにとらわれない監督もいて、様々なジャンルを見る観客も存在します。しかし、それはみんなジャンルの存在を前提にしていて、ジャンル横断的な作品はジャンルが存在しないことの証明にはなりません。

運動であることの忘却と継承

このようなジャンルの発生によって何が起きたのか。映像がアトラクションとして経験されていたこと、運動であることの忘却が起きてしまいました。

しかし、ガニングは「驚きの美学」のなかでいいます。物語の映画が主流になって以降も「アトラクションの美学は観客に提供される非物語的スペクタクルの断続的な断面（ミュージカルとスラップスティックに明白な例が認められる）の中で、なおも感じることができる」と。

ジャンル映画が成立して以降も、初期映画の精神を保存したジャンルが生まれ、生き延びていったのです。映画は物語であるという考えが主流になってからも、映画は運動であるという欲求は衰退せず、ジャンル映画のなかで映画＝運動という始原的記憶は保存され発展していったのです。ガニングは、ミュージカルとスラップスティックにその例を見いだしています。

私たちはこれにもう一つ活劇を加え、スラップスティックとミュージカルと活劇という三つのジャンルを、物語の時代のアトラクションの美学の継承者、この講義の言葉でいえば〈運動のジャンル〉と見なして、それらがどのように生まれ発展していったのか、そのなかで、運動をどのように映像化していったのかをみていきます。それらを追跡することはまた、身体運動の文化であるスポーツの映像を考えるための大きなヒントを与えてくれるはずです。

今回の講義で取り上げるジャンルは、スラップスティックです。スラップスティックは、一九一〇年代から二〇年代にアメリカのハリウッドで生まれたジャンルです。ただし、それには歴史的な先行者がいます。フランス喜劇、追っかけ喜劇です。

1　フランス喜劇の世界制覇

フランスの映画界は、リュミエール兄弟がシネマトグラフを上映したことで始まります。しかし、リュミエール兄弟は、数年で映画事業から撤退します。それを引き継いだのがメリエスで、彼は、奇術師的感覚からリュミエール兄弟とは違った映像を作り出します。そしてメリエスの試みは、パテ社に集まる作家たちが引き継ぎ、フランス喜劇が花開くことになります。パテ社に続いてゴーモン社もフランス映画界に登場します。

この時代にフランス喜劇が発見したものが追っかけです。これによってフランス映画は、欧米の映画界の覇権を握ります。映画史家サドゥールは、この時代を「パテ社の時代」と呼んでいます。フェルディナンド・ゼッカ、マックス・ランデ、コール、ジャン・デュランなどの作家たちがその中核にいました。

こうした当時の作品のいくつかは、初期映画のアンソロジー『シネマ・クラシクス 驚異の映画創世史2』（日本フォノグラム、一九八八年）に収められていて、スラップスティックとその先行者であるフランス喜劇が要領よくまとめられています。初めにリュミエール兄弟のフィルム、その模倣作品、そしてフェルディナンド・ゼッカの『洗いつくされた家』（一九〇六年）、講義4でも取り上げたエミール・コールの『かぼちゃレース』（一九〇八年）、そしてジャン・デュランの『レンブラントの贋作法』（一九一二年）などです。

『レンブラントの贋作法』では、教養がないあるブルジョアがレンブラントの絵を買う。もちろん偽物ですが、簡単にだまされて買ってしまう。その絵を椅子の上に置いていたら、あとから来た女性が絵の上に座ってしまい、スカートに絵が全部写ってしまう。それを返せと迫るブルジョアと周りの人々、とんでもないと逃げる女性で、「追っかけ／追いかけ：chase」が始まります。このアナーキーな、無秩序で混乱したような感覚は、当時のフランス喜劇に特有のものでした。

2 スラップスティック（Slapstick、ドタバタ喜劇）の発生と完成

マック・セネット

フランス喜劇は、第一次世界大戦によって衰退します。それを契機に追っかけを核にした喜劇を作ったのがハリウッドのスラップスティックであり、その中心にいたのがマック・セネットです。セネットは一八八四年にカナダのケベック州に生まれ、歌手になることを夢みて二十歳で芸能の世界に入り、大衆劇団の俳優などを経て、一九〇八年から映画に携わり始めます。彼を映画の世界に招き入れたのがグリフィスです。一一年に監督デビューして一二年にキーストン社を設立。一五年には、歴史劇・メロドラマのグリフィス、西部劇のトマス・インス

とともに、トライアングル社を設立し、これがハリウッドの中核になります。

彼が作り上げた喜劇はキーストン調といわれ、追っかけを中心にしたアナーキーな喜劇です。キーストン調を象徴するものとして、キーストン・コップスとパイ投げ、水着美人があります。警察官をばかにする、水着の女性を脈略なく登場させる、それは大衆が喜ぶものをすべて取り込んでいく貪欲な姿勢の表れでした。アメリカの喜劇でよく見かける、カスタードパイを相手の顔に投げつけるパイ投げが始まったのも、セネットの映画のなかからだといわれています。

水着美人のエキストラのなかから、グロリア・スワンソンやキャロル・ロンバートなど、のちのハリウッドの大女優たちが現れました。またセネットは、喜劇俳優のロスコー・アーバックル、チャップリン、キートン、喜劇女優のメーブル・ノーマンドらを発掘します。喜劇俳優ではありませんが、歌手で俳優のビング・クロスビーを映画の世界に引き入れたのもセネットです。こうして一九二〇年代にはスラップスティックの黄金時代が始まり、三大喜劇人といわれるチャップリン、キートン、ハロルド・ロイドのほかにも、ラリー・シモン、ハリー・ラングドン、スタン・ローレルとオリバー・ハーディによるコンビなど多彩な才能が開花していきました。その中核にセネットがいたのです。

セネット製作、ウォルター・ライト監督の一九一五年の作品『愛、スピード、スリル』は、郊外の仲がいい夫婦の家に泥棒が押し入って妻をさらっていき、それを夫が追っかけるというシンプルな物語です。途中、夫が使用人に警官を呼ぶよう伝えて、警官も泥棒の追跡に加わります。

ネット上の映画に関する最大のオンラインデータベースであるインターネット・ムービー・データベースによると、セネットは生涯で三百八本の映画を監督し、千百十八本の映画を製作したとされています。ものすごい本数ですが、そのほとんどが十分程度のショートフィルムです。セネットの追っかけが、どれほど創造性にあふれるものだったのか。ジェイムズ・モナコは、『映画の教科書』で次のように評価しています。

私たちはまだ映画をまじめに考えないからスラップスティックを低く評価するのであり、また同時に、映画をまじめに考えすぎるから立派な父を求める（略）グリフィスのメロドラマとセネットの滑稽劇《ファルス》、この両者の中心を成していたのは、現在においても大衆映画の支配的な要素である追っかけの概念であった。追っかけは（略）映画が演劇とは共有しない唯一の偉大な劇作術の要素なのである。それは演劇を現実の、あるいは概念上の額縁舞台の内側（プロセニアム・アーチ）から外の世界へ引っ張り出したし、あらゆる劇物語を進行させる主役対敵役の闘争という典型的な形をもたらした。（略）セネットの追っかけは、映画史の初期における創造性あふれた映画的瞬間のひとつだった。

チャールズ・チャップリン

三大喜劇人のなかでも、チャップリンは飛び抜けて有名ですね。チャップリンは、一八八九年に両親ともにミュージックホールの俳優というイギリスの家庭に生まれましたが、両親はすぐに離婚。チャップリンを引き取った母親は病気のために精神を病み、施設に収容されてしまい、父親もアルコール依存症で亡くなります。チャップリンは孤独と貧困のなかで、劇団を転々としながら俳優としての技量を高めていきます。そして一九一三年のアメリカ巡業の際、セネットに見いだされて映画の世界に飛び込み、一四年に『成功争い』（監督：ヘンリー・パテー・レアマン）で映画デビューします。チャップリンは、着実に映画界で実力を発揮し、一五年にエッサネイ社、一六年にはミューチュアル社と契約し、さらに一八年には、ハリウッドの中心街に自らのスタジオを建て、ファースト・ナショナル社（のちのワーナー）と契約を結び、翌一九年にはダグラス・フェアバンクス、メアリー・ピックフォードとともに配給会社ユナイテッド・アーティスツを設立します。

映画史家サドゥールは、それまで世界でほとんど誰も知らないアメリカの小さな街にすぎなかったハリウッドが一九二〇年代に世界の映画の首都になったのは二つの重要なきっかけがあるといっています。一つは一五年のトライアングル社の設立であり、二つ目は一九年のユナイテッド・アーティスツの設立です。その両方にセネットとチャップリンが関わっています。ハリウッドに対するスラップスティックの役割がどれほど大きなものだったのかを物語っています。

その後のチャップリンの活躍については記す必要もないかもしれませんが、一九二一年の『キッド』、二五年の『黄金狂時代』、二八年の『サーカス』、トーキー登場以後にあえて作られた三一年のサイレント映画『街の灯』、そして文明批判で有名な三六年の『モダン・タイムス』、ナチス批判の四〇年の『独裁者』と続いていきます。

チャップリンの喜劇の性格は、スラップスティックというよりもメロドラマに近いと思います。セネットは、自立した喜劇人だったチャップリンに対して、追っかけを中心にしたスラップスティックや水着美人と絡ませるお色気路線は撮らせなかったといわれています。しかし、チャップリンの映画のなかには、数少ないですがスラップスティック性に満ちたシーンがあります。そのなかの一つが『街の灯』です。

『街の灯』は、盲目の少女を貧しいチャップリンが援助するという話なのですが、いよいよお金に困ったチャッ

図7-1　『City Lights（街の灯）』
（出典：DVD ビデオ『City Lights（街の灯）』角川書店、2009年）

プリンが賭けボクシングをすることになります。相手から八百長を申し込まれ、それならお金も入るし痛くもないしと、やる気満々だったのですが、その相手が警察に追われて逃げてしまいます。そこで胴元は別の相手を連れてくる。まさかの展開でゴングが鳴り、こうしてリングの上で始まったボクシングは、追っかけ的であり、スラップスティック性に満ちています（図7―1）。

バスター・キートン

喜劇映画の黄金時代のなかで、最もスラップスティック性が高い作品を製作したのがキートンです。キートンは、一八九五年に両親ともに舞台俳優というアメリカのカンザス州の家庭に生まれ、四歳のときに初舞台に立っています。キートンが舞台の階段から転げ落ちても顔色一つ変えなかったのを見て、世界的な奇術師ハリー・フーディーニが「ホワット・ア・バスター（なんてやつだ）」と叫んだことから、「バスター・キートン」という名前になったという伝説があります。舞台の上で育ってきたキートンは、一九一七年にアーバックルやセネットと出会い、映画の世界に入ります。初監督作品は二〇年に公開された『文化生活一週間』です。これらの映画のなかでキートンは、決して「笑わない」「表情を変えない」というスタイルを見いだし、これが彼の代名詞になり、チャップリン、ロイドと並ぶ三大喜劇人の一人という評価を受けるにいたるのです。

主な長篇代表作に、一九二三年の『荒武者キートン』、二四年の『キートンの探偵学入門』『海底王キートン』、二六年の『キートンの大列車追跡』、二八年の『キートンの船長』『キートンのカメラマン』があります。二八年の『キートンの船長』は、ミッキーマウスのトーキー第一作『蒸気船ウィリー』（監督：ウォルト・ディズニー、一九二八年）の元ネタになった作品であることでも知られています。

キートンのスラップスティックのスタイルがよく表れているのが、一九二五年の『セブン・チャンス』です。これは、主人公キートンが恋人になかなか告白できずに無駄に日々を過ごしているという設定で始まります。そんななか、親戚から莫大な遺産が入ってくる。しかし、それには、いついつの七時までに結婚しないと遺産は入らないという条件がある。キートンは頑張って恋人に告白しようとするが、うまくいかない。そのうちにどんどん期限が近づいてくる。焦った友人がキートンに無断で新聞広告を出す。「億万長者がいます。結婚したい人は教会に集まってください」という広告です。

それを見て、何百人もの花嫁志望者が教会に集まってくる。一方、結婚式を挙げるから教会に来いと友人に言われたキートンは、何百人もの花嫁志望者を見て慌てる。教会の牧師も、自分の教会が勝手に新聞に載っているのをいぶかしく思い、教会に来てみると大騒ぎなので、花嫁志望者たちに向かって君たちはだまされているのだ、早く帰りたまえと言う。友人が教会に話を通していなかったのである。それを聞いて花嫁志望者たちは怒りだす。キートンをつるし上げにかかる。そこに事情を知ったキートンの恋人から伝言が届けられ、あなたの気持ちはわかったので、結婚式を挙げましょうと告げられる。喜んだキートンは急いで、期限に間に合うように恋人の家まで行こうとする。それに対して、怒った花嫁志望者たちは、つるし上げようと追いかけてくる。

図7-2　『セブン・チャンス』
（出典：「Seven Chances (Keaton, 1925)」「YouTube」〔https://www.youtube.com/watch?v=WnflTNU8cbA〕［2025年1月5日アクセス］）

キートンと花嫁志望者たちの追っかけには、スラップスティックのスタイルがよく表れています（図7―2）。第一に、反復というスタイルです。追っかけが単純に長く伸ばされているのではなく、追っかけられる、追いつかれそうになるがなんとか逃げ延びる。逃げ延びて、ほっとしているとまた追いかけてくる、ということの繰り返し。それをバリエーションを変えて何度も繰り返す、というスタイルです。差異の反復。運動への永劫回帰です。何のためか。一つには運動であることに回帰するため、もう一つは運動することの倦怠から逃れるためです。

この時代、一九二〇年代のスラップスティックの作家たちは、長篇映画の作品に挑戦していました。一〇年代は、十分二十分という短篇映画がほとんどでした。十分を追っかけで笑わせるのに工夫はいりません。しかし一時間や一時間半という時間を追っかけだけでもたせることはできません。これが二〇年代に長篇映画を作ったチャップリン、キートン、ロイドらが直面した問題でした。そこで彼らが見いだした解決策の一つが、追っかけの反復という手法だったのです。

講義5で、ポーターの映画『アメリカ消防夫の生活』を取り上げたとき、反復という性格がアトラクションの本質的性格であると指摘しました。期せずしてキートンは、アトラクションの本質的な手法に出合ったといえるでしょう。

『セブン・チャンス』には、もう一つのスタイルがみられます。アクションの方向の一致です。キートンは、追いかけられて疾走する場合、二、三の例外を除いて、必ず画面の左から右に向かって走っています。追っかけが何度も何度も反復されるなかで示される疾走方向の同一性は、画面に安定性を与えています。キートンが出合う出来事も様々で場所もいろいろなのに、キートンが走り始めると常に左から右方向なのです。追っかけを反復すればするほど、すべてに一貫している部分を強調する必要があったのです。運動を楽しむには安全装置が必要なのです。それが走る方向の一貫性という部分に表れています。

ヒッチコックは「追いかけは私にとって映画というメディアの最終的な表現だと思える（略）追いかけというのは映画技法全体に特有のものとさえいいたいくらいだ」といいましたが、キートンのスラップスティックは、追っかけの到達点であり、映画が運動であることを思い出させてくれる、映画の純粋表現とでもいうべき貴重なシーンだと思います。

3　スラップスティックの衰退

スラップスティックは、トーキー映画の誕生によって衰退していきます。一つには、喜劇の中心が身体運動によるものから言葉による笑いに移っていったからです。そしてもう一つの理由は、一九二〇年代に黄金期を迎えたスラップスティックの担い手たちが、三〇年代になると身体的絶頂期を過ぎてしまったことです。

話し言葉を重視する笑いは、チコ、ハーポ、グルーチョらマルクス兄弟に代表されるナンセンス喜劇です。もう一つはスクリューボール・コメディーで、これは活動的で早口な女性が男性を翻弄するものです。しゃべり続けるグルーチョ・マルクスと一言もしゃべらないハーポ・マルクスというマルクス兄弟のナンセンス喜劇には、サイレント時代のスラップスティックとつながるところもあり、面白いです。また、スクリューボール・コメディーも、そのすばらしさはそれとして論じるに足るものがあります。しかし、それらの喜劇は劇映画の一ジャンルにすぎなくなり、スラップスティックがもっていた輝き、初期映画とのつながり、映画が運動であるということの純粋にして正統な継承者という側面は失われています。

スラップスティック感覚を継承していったのは劇映画ではなく、アニメーションでした。初期のミッキーマウスが、キートンやチャップリンから影響を受けていたことは周知の事実です。一九四〇年に始まる『トムとジェリー』は追っかけ感覚にあふれたアニメーションといえるでしょう。

一九一〇年代から二〇年代のスラップスティックの輝きは、その後の実写映画のなかから消えてしまいますが、フランスのジャック・タチが五三年に製作した『ぼくの伯父さんの休暇』や現在のアクション映画のカーチェイスのシーンなどにその残照をわずかに見いだすことができます。

スラップスティックというジャンルからスポーツを見直してみると、共通点の多さに気づくはずです。むしろスポーツとは追っかけそのもの、構造的同一物という感じさえします。極論すれば、笑いがないスラップスティックがスポーツではないでしょうか。スポーツが、スペクタクルの映像として、追っかけの文化として受容された理由もそこにあるのでしょう。そしてスラップスティックが獲得した様々な映像技法は、スポーツ映像にも大いなるヒントを与えてくれるはずです。

参考文献

加藤幹郎『映画ジャンル論――ハリウッド映画史の多様なる芸術主義』文遊社、二〇一六年
ジェイムズ・モナコ『映画の教科書――どのように映画を読むか』岩本憲児／内山一樹／杉山昭夫／宮本高晴訳、フィルムアート社、一九八三年
トム・ガニング「驚きの美学――初期映画と軽々しく信じ込む（ことのない）観客」、岩本憲児／武田潔／斉藤綾子編『「新」映画理論集成①――歴史／人種／ジェンダー』所収、フィルムアート社、一九九八年
中村秀之『映像／言説の文化社会学――フィルム・ノワールとモダニティ』（現代社会学選書）、岩波書店、二〇〇三年

映像

VHSビデオ『シネマ・クラシクス 驚異の映画創世史2』日本フォノグラム、一九八八年
『レンブラントの贋作法（*How to fake a Rembrandt*）』監督：ジャン・デュラン、一九一二年
『愛、スピード、スリル（*Love, Speed and Thrills*）』監督：ウォルター・ライト、製作：マック・セネット、一九一五年
『街の灯（*City Lights*）』監督：チャールズ・チャップリン、一九三一年
『セブン・チャンス（*Seven Chances*）』監督：バスター・キートン、一九二五年（https://www.youtube.com/watch?v=WnflTNU8cbA）［二〇二五年一月五日アクセス］

講義8　ミュージカル映画論――踊る身体

カメラが踊るか、私が踊るかだ。同時に両者が踊ってもうまくいかない。カメラを動かせば、踊り手はまったく静止しているかのように見える。

（ボブ・トーマス『アステア――ザ・ダンサー』武市好古訳、新潮社、一九八九年、二五八ページ）

初期の映画は、アトラクション映画でした。その後、劇映画の時代へと移行し、ジャンル映画が成立します。それによって、映像がアトラクションとして経験されていたこと、運動であることが忘れ去られていきます。しかし、ジャンル映画のなかでも、映画＝運動という始原的記憶は、スラップスティックとミュージカルと活劇という三つのジャンルで保存され、継承されていきます。

前回の講義では、その一つであるスラップスティックについてみてみました。スラップスティックは一九二〇年代に黄金期を迎えますが、三〇年代にはトーキー映画の時代への移行とともに衰退し、ナンセンス喜劇とスクリューボール・コメディーに取って代わられてしまいます。

しかし、それと同時にスラップスティックに代わって、大衆の映像＝運動への欲求を吸収していったジャンルが生まれます。それが今回の講義のテーマであるミュージカル映画です。

1　ミュージカル映画の生成期

世界がトーキー映画に移行するきっかけになったのが、前にも述べたように一九二七年の『ジャズ・シンガー』です。それ以来、欧米の映画界は一斉にトーキー化していきます。そして音楽を売りにした映画が各国で作られていきます。フランスでは、三〇年にルネ・クレールが『巴里の屋根の下』を作ります。ドイツでも同じ年にジョゼフ・フォン・スタンバーグが『嘆きの天使』を作り、マレーネ・ディートリヒが歌う姿が人気を博します。日本でも三一年に、松竹キネマが日本で最初の完全トーキー映画、五所平之助監督の『マダムと女房』を作りますが、実はこの作品ではジャズが大きな役割を果たしています。

トーキー映画の移行には、前にも説明したとおり、社会のメディア環境の変化、とりわけラジオが国民的メディアとして登場してきたことが関係していました。ラジオに対抗して、トーキー映画が音楽を映画のなかに取り込みます。それに加えて、ラジオが絶対に取り込めない文化を映画は取り込みます。それがダンスでした。『ジャズ・シンガー』でも、主人公のジョルスンが踊ります。

その後、踊りを売りにしたダンス映画が数多く作られていきますが、すぐに飽きられてしまいます。それは、舞台で演じられていたダンスをそのまま映したいわゆるダンスの演劇的映画だったからです。そこには、映画に適したダンス、映画固有の撮影技法がありませんでした。ダンス映画の失敗、この事実こそ重要です。ここに、映像文化を考えるための重要な手がかりがあります。つまり演劇的映画は真の意味で映画ではないということです。単に舞台の上で演じられている演劇を観客席の後ろからの視点でずっと映しているだけの演劇的映画は、映画とはいえません。

映画が映画になるには、撮影技法や移動撮影、カット割りなどのその映画に適した撮影技法が発明されないといけないのです。スラップスティックは、ただ舞台の上のドタバタ喜劇を映しただけではありませんでした。何より舞台から飛び出し、追っかけを映像化する撮影技法と編集方法を編み出したのです。ダンス映画についても同じです。ダンスに適した撮影技法や編集方法が発明されないと、舞台の上で踊っているダンスをそのまま映しただけではダンス映画にはならないのです。

このことは、スポーツ映像に対しても貴重なヒントを与えてくれます。観客席からスポーツの試合を撮影しただけでは、真の意味のスポーツ映像にならないということなのです。そのスポーツに適した撮影技法と編集方法が発見されないかぎり、スポーツ映像にはならないのです。スポーツ映像について語るときに、カメラは何もしなくていい、ただ試合を映すだけでいいという発言もみられますが、映像の歴史をみてくるとそうした意見は誤りであることがわかります。観客席から映しただけの映像はすぐに飽きられてしまい、見られなくなってしまうのです。そんな映像だったら、実際に生で見たほうがはるかにいいからです。

では、一体誰がミュージカル映画でダンスのための撮影技法を発明したのでしょうか。それを見つけた人物、真の意味でミュージカル映画を創造した人物、それがバズビー・バークレーであり、フレッド・アステアでした。

2　バズビー・バークレー

バークレーはアメリカの振付師であり、映画監督です。演劇一家の子として生まれ、五歳から舞台に立っています。一九二〇年代からブロードウェーの舞踊監督として活躍し、三〇年から映画界に入り、ワーナーで映画の仕事を開始し、のちにＭＧＭに移ります。特に三三年の『四十二番街』（監督：ロイド・ベーコン）の振付師としての仕事が人々の注目を浴び、三六年から三年連続でアカデミー賞の舞踊監督賞を受賞しています。三五年からは映画監督としても活動し、代表作に三五年の『ゴールド・ディガース36年』、四九年の『私を野球に連れてって』があります。

バークレーの功績は、ミュージカル映画独自の撮影様式を発明したことにあります。彼はミュージカル映画の振付師として活動を始めますが、監督の指示のもとで映像が作られていくことに納得せず、『四十二番街』のときからダンスの振り付けだけではなくミュージカルシーンのときのカメラの動き、編集の指示、映像に関わるものすべてを指示するようになります。そして、従来のミュージカル映画とは全く違った映像が生まれたのです。

カメラが観客席の後ろの位置から移動し、自由自在に動き回ります。「演劇的映画」からの脱却です。特にバークレーの映像で特徴的なものは、バークレーショットと呼ばれる天井からの俯瞰撮影です。天井にカメラを据え、その真下でダンサーたちが万華鏡のような模様を次々と展開していく映像は、ハリウッドミュージカルの一つの原型的イメージになりました。その俯瞰映像にバークレーの固有名詞が付いて「バークレーショット」と呼ばれ続けていることは、その映像がもたらした影響の強さを示しています。

バークレーはまた、カメラモノレールという、従来のクレーンよりも操作性が格段に高いカメラ装置を開発し、映像に使いました。代表的なミュージカル俳優であるジーン・ケリーは、バークレーを評して次のようにいっています。「バズビー・バークリー《ママ》はキャメラで何ができるかを教えてくれた。舞台の額縁をはずしたのは彼だ。彼がミュージカル（映画）のためにそれを取りはらった男だ」

バークレーの代表的なミュージカル映像として、一九三三年の『フットライト・パレード』（監督：ロイド・ベーコン）のなかのシーンを紹介しましょう。『四十二番街』で注目を浴びていたバークレーが、ミュージカルの振付師としての評価を固めた作品です。この映画はバックステージ、すなわち舞台の裏側を描いた作品で、自分たちの舞台を作り上げようとしている若い演出家や俳優たちの姿を描いています。この映画は、ミュージカルのなかでも水中ミュージカルという特殊なものですが、バークレーの映像的特徴がよくわかると思います。特に若者たちが自分たちの舞台を作り上げ、それを買ってもらおうと資本家たちの前で披露しているシーン、つまり舞台の上でミュージカルが演じられていて、それを演出家や資本家も含めた観客が見ているというシーンです。

このシーンの一つの特徴は、ダンサーの身体に対する視線が変化していることです。ダンサーとは、名前をもった花形的存在です。踊れるということが、人を個性的な存在たらしめます。ところが、バークレーの映像のなかでのダンサーは、万華鏡的模様を作る集合的・匿名的身体と化しています（図８―１）。集合的ということは個性がない、取るに足りない身体ということではありません。なぜならダンサーたちは、みなクローズアップされているからです（図８―２）。出演者全員がクローズアップされているわけではありませんが、単に時間的な問題で全員にクローズアップしていないだけで、全員がクローズアップされるにふさわしい存在であるということを示しています。にもかかわらず、ダンサーたちは名前がない匿名的な存在なのです。

図8-1　『フットライト・パレード』
（出典：DVD ビデオ『フットライト・パレード』ジュネス企画、2007年）

バークレーは、その匿名的な身体によって、映画史上最高のスペクタクルを作り上げたのです。その異次元ともいえる映像美は、「悪趣味なほどの装飾主義」と評されたほどでした。歴史的なミュージカルをいくつも手がけたプロデューサーのアーサー・フリードは、バークレーのことを「無意識のシュールレアリスト」であると評しました。バークレーによって、ハリウッドミュージカルの原型的なイメージが作り上げられたのです。

加藤は『映画ジャンル論』のなかで、バークレーは「広義の振付師、音楽監督、プロデューサー、そして映画監督として手腕を振るった、映画的ミュージカル映画最大の功績者のひとりなのである」と評価しています。バークレーこそ、初期映画からスラップスティックへとつながってきたアトラクションの美学の系譜に立ち、そのスペクタクルな側面を最高度に開花させた映像作家です。

図8-2 『フットライト・パレード』
（出典：同 DVD ビデオ）

3 フレッド・アステア

バークレーとともに、彼とは異なる立場からミュージカル映画の形成に大きな役割を果たしたのが、アステアです。

アステアは、一八九九年生まれのアメリカの俳優、ダンサーです。小さいころからボードビルで活躍し、十七歳でブロードウェーに進出し、二十代になると姉とのコンビで成功を収めました。そして姉の結婚、コンビ解消を機に一九三〇年代に映画界に進出し、ジンジャー・ロジャースとのコンビで主演した三四年の『コンチネンタル』で人気を確立します。二人のコンビは、ミュージカルを代表する史上最高のコンビとして伝説的な存在になりました。当時二人のミュージカルを製作したRKOは、彼らの作品によって経営危機から立ち直ったといわれています。四〇年のコンビ解消後、アステアはMGMに移り、『イースター・パレード』（監督：チャールズ・ウォルターズ、一九四八年）や『バンド・ワゴン』（監督：ヴィンセント・ミネリ、一九五三年）などで再び人気を獲得し、ケリーとともにMGMのミュージカルを支えていくことになります。

アステアの功績は、何よりもまずタップダンスの完成者としてのものです。ダンスを主題にした映画は、当時数多く作られましたが、先にも述べたようにバレエにしてもモダンダンスにしても、当時のブロードウェーのダンスにしても、独自の撮影技法をもった映画的なダンスではなかったため、時を待たずスクリーンから消えていきました。そこで唯一生き残ったのがアステアのタップダンスだったのです。

当時のタップダンスは黒人のダンスであり、ビル・ボージャングル・ロビンソン、フェイアードとハロルドのニコラス・ブラザーズなどの優れた黒人ダンサーたちが数多くいました。アステアは、そんなタップダンスを白人にも受容可能な優雅なダンス性を加えたものに作り替えたのです。そのスピードとダンスに伴う音がトーキー時代の観客の心をつかんだといわれています。ミュージカル映画といえばタップダンスという伝統を作り上げたアステアの功績は、いくら強調してもしすぎることはありません。

一九三七年の『踊らん哉』（監督：マーク・サンドリッチ）には、ミュージカルを代表する史上最高のコンビ、主演のアステアとロジャースが踊るシーンがあります。この映画のなかで、アステアはロシアのバレエ・ダンサーの役、ロジャースはアメリカの舞台俳優の役です。アメリカに向かう船のなかで二人は出会い、恋が芽生える。しかし、それがスキャンダルになり、メディアのうわさになってしまう。しかも、ロジャースには婚約者がいたのですが、ロジャースの友人たちは彼を婚約者と別れさせてアステアとくっつけてしまおうと画策する。そのためにレストランの舞台で、二人を一緒に踊らせて仲良くさせてしまおうとします。その計画に乗せられて、婚約者の前でロジャースとアステアが踊り始めるというシーンです。最初にロジャースが歌い始め、アステアはしばらく座っていますが、途中からロジャースと踊り始めます。

アステアが主演のミュージカル映画では、カメラの位置などの映像の作り方についても、アステアがほとんど指示したといわれています。ミュージカル映画の様式としてみてみると、アステアのミュージカル映像はバークレーと対照的なものです。カメラの位置は、常に主役であるスターの身体に固定されています。ショットはほとんどが、ミディアムショットからフルショットで、カメラの移動や編集をほとんど意識させない映像になっています（図８―３）。そこでは、ダンサーの身体はカメラに従属する存在ではなく、特権的なスターの身体として描かれることになります。

カメラの移動を感じさせないというのは、動いていないという意味ではありません。アステアの映像が演劇的映画に退行したというわけではなく、映像は俳優とともに動いていて、編集もされています。それをあたかも動いていない、編集していないかのように仕上げています。ミュージカル映画というジャンルを作り上げたアステアとバークレーの二人の映像は、それぞれ全く異なる方向性をもっていたのです。

蓮實重彥は、一九三四年ごろのバークレー的映像からアステア的映像への変化を映画の「第二の誕生」と呼んでいます。それほど大きな世界史的な変化を示すものとみているのです。蓮實の主張を要約してみましょう。アメリカ映画史上最も優れた振付師であるバークレーは、スクリーン上にアメリカ映画史上最も高度で前衛的な映像を見せてくれた。しかし、バークレーやサイレント映画の監督たち、エリッヒ・フォン・シュトロハイム、F・W・ムルナウによる視覚的効果の追求は、三四年以後は次第に禁欲されていく。そしてミュージカル映画はその後、アステアとロジャースによる凡庸な画面のなかの、わかりやすいデュエットに移行していく。この「わかりやすさ」とは、複雑な視覚的効果を極力抑制し、誰にも理解可能な簡潔な物語にすべてを還元することで達成される。それによって映画は見るものではなく、映画のなかの言葉に耳を傾け、役者についてあれこれ夢みる観念的な対象になった。映画は画面ではなく、その背後の物語を想像させるものになったのである。これと同じ現象は、ソ連でのエイゼンシュテイン批判と社会主義リアリズムの成立をはじめ世界各国で起こった。そして、各国で映画は「国民的メディア」になり、「第二の誕

図8-3 『踊らん哉』
（出典：DVD ビデオ『踊らん哉』アイ・ヴィー・シー、2009年）

生」を遂げたのだ。このように蓮實は主張しています。

一九三〇年代のミュージカルをともに作り上げていった二人の対照的なスタイルは、歴史の展開のなかでバークレー的なものよりもアステア的なものが有力になっていきます。すなわち、アステア的なものが勝利するのです。ここでも同じ歴史が反復するのが見受けられます。初期映画を終わらせ、スラップスティックを終わらせた歴史の反復です。アトラクションの系譜に立つバークレー的なものに対する、物語重視のアステア的なものの勝利です。アトラクションに対する物語の勝利。運動に対する物語の勝利です。

4　ミュージカル映画の黄金時代とアーサー・フリード

ミュージカル映画は、このアステア的なものの系譜の上にバークレー的なスペクタクルを取り込みながら、一九四〇年代から五〇年代にかけてミュージカルのスタジオシステム、ミュージカル映画の黄金時代を作り上げていきます。その舞台がMGMという映画会社です。

そこの頂点にいたのがプロデューサーです。プロデューサーはミュージカル専門の監督や脚本家、撮影監督、編集者、舞台美術家、芸術監督、音楽監督、作曲家、作詞家、振付師、パフォーマー（俳優＝ダンサー）らの多種多様な才能の間に協力関係を作り出す調整役であり、統括者です。

そのなかで最も著名なプロデューサーが、フリードです。フリードは一八九四年生まれのアメリカ人。作詞家としてキャリアを出発し、一九三九年からプロデューサーに転じました。彼が発掘・結集させた映画人は、映画監督ヴィンセント・ミネリ、ルーベン・マムーリアン、スタンリー・ドーネン、振付師チャールズ・ウォルターズ、ボブ・フォッシー、俳優ケリー、ジュディ・ガーランドなど広範囲に及びます。また、バークレーとアステアをMGMに呼び寄せたのも、フリードの力によるところが大きいといわれています。代表作に五一年の『巴里

図8-4　『雨に唄えば』
（出典：DVD ビデオ『雨に唄えば』ワーナー・ホームビデオ、2011年）

のアメリカ人』（監督：ヴィンセント・ミネリ）、五二年の『雨に唄えば』（監督：ジーン・ケリー／スタンリー・ドーネン、製作：アーサー・フリード）などがあります。

『雨に唄えば』は、サイレントからトーキーへの移行時代を描いた作品ですが、なんとか新作がトーキー映画として完成するめどがついてみんなが安堵しているときに「新しい映画に次のようなシーンを入れたいんだが」とケリーが説明しはじめます。ここから、映画のなかのミュージカルの一シーンが始まります。注目はケリーのタップダンスです。相手役は、この映画でデビューしたシド・チャリシー。二人のダンスとともに、美術や音楽などMGMのミュージカルのスタジオシステムの総合力が表れたシーンです（図8—4）。

一九五〇年代に黄金期を迎えたMGMミュージカルのスタジオシステムですが、六〇年代になると衰退に向かいます。衰退の要因はテレビです。ミュージカルやダンスに思い入れがある監督がときどきミュージカル映画・ダンス映画を撮ることはありますし、インドではすばらしいミュージカル映画が量産されていますが、アメリカでミュージカル映画がジャンルとして作られることはなくなりました。これからもないだろうと予想できます。

しかし、スラップスティックからアトラクションの美学を引き継ぎ、映像は運動であるという感覚を保存・発展させたミュージカル映画という歴史的ジャンルは、映画の最も幸福な時代の記憶を残し続けています。そして映画をアトラクション、スペクタクルとして再興しようとするとき、大きな遺産として現れるのではないかと思います。

黒人のダンサーたち

ミュージカル映画を作り上げたのはタップダンスの力です。アステアの功績はいうまでもなく大きいですが、アステアが依拠したタップという黒人文化はどういうものだったのでしょうか。それを示しているのが一九四〇年の『遥かなるアルゼンチン』（監督：アーヴィング・カミングス）です。この映画中で、黒人のニコラス兄弟が驚異的なダンスを踊っているシーンがあります（図８―５）。

ニコラス兄弟については、のちにフランシス・フォード・コッポラが彼らをモデルにした『コットンクラブ』（一九八四年）という映画を撮っていますが、タップの歴史のなかでは有名なダンサーです。この当時、タップの

図8-5　『遥かなるアルゼンチン』
（出典：DVD ビデオ『遥かなるアルゼンチン』20世紀フォックス・ホーム・エンターテインメント・ジャパン、2006年）

神様といわれたロビンソンはまだ健在でしたし、あのサミー・デービス・ジュニアも活動しはじめていました。タップの世界は、きら星のような才能があふれていたのです。その歴史的厚み、豊かさがこの『遥かなるアルゼンチン』のニコラス兄弟のダンスシーンから感じられると思います。

しかし、ニコラス兄弟の名前はこの映画のクレジットのなかにはありません。全くのエキストラ扱いなのです。ここに当時のミュージカル映画の人種的な問題をみることができます。タップは黒人文化であり、才能にあふれたダンサーがいたにもかかわらず、黒人のダンサーたちがハリウッドのミュージカル映画で活躍することはありませんでした。彼らが踊れるのは、『ストーミー・ウェザー』（監督：アンドリュー・L・ストーン、一九四三年）のような黒人向けの映画のなかでしかありませんでした。たまにハリウッドのミュージカル映画から呼ばれても、白人よりもうまく踊ることは禁止されていました。しかし、『遥かなるアルゼンチン』のようなエキストラ扱いの映画のなかでは、逆に自由に踊ることができました。私たちはこうしたシーンを見ることで、当時の歴史をしのぶことができるのです。

ミュージカル映画というと、『サウンド・オブ・ミュージック』（監督：ロバート・ワイズ、一九六五年）や『ウエスト・サイド物語』（監督：ロバート・ワイズ／ジェローム・ロビンズ、一九六一年）というイメージがあるかもしれません。しかし、両方ともワーナーの作品です。ＭＧＭの作品ではありません。これらの作品は、ＭＧＭのスタジオシステムが衰退したあと、ワーナーがそれに代わろうとして、会社を挙げて作ったミュージカル大作なのです。うがった見方かもしれませんが、両作品とも民族問題・戦争問題（ナチスとの関わり）を背景に描いているので、学校の教材として取り上げやすいものです。それに比べて、ＭＧＭの能天気な明るいミュージカルは教材には向きません。だから『サウンド・オブ・ミュージック』『ウエスト・サイド物語』が学校でも連綿としてみられている。それに比べてＭＧＭのミュージカルはどんどん忘れ去られているというのが、現状だろうと思います。

5　ミュージカル映画が示唆するもの

今回の講義ではミュージカル映画を、トーキー映画発生以降に最も運動を重視したジャンルだったスラップスティックが衰退したあと、それに代わって初期映画のアトラクションの美学を継承したジャンルとして位置づけ、その歴史をみてきました。

ミュージカル映画のジャンルとしての主流はＭＧＭのスタジオシステムであり、それを代表するダンサーはケリーとアステアだったこと、そしてその前にハリウッドミュージカルのイメージを作り上げたのはバークレーであること、ジャンルとしてミュージカル映画の基盤を作り上げたのはアステアのタップダンスとともにバークレーの映像的試みだったこと、そしてハリウッドミュージカルが生まれた背後にはそこから排除された黒人の豊かなタップ文化があったことも、ぜひ覚えておいてください。

スポーツ映像の観点からみると、たとえばバークレー的な映像とアステア的な映像の対立は非常に参考になります。それが示唆しているのは、スポーツ映像が映像として独立するためには、「演劇的映画」の撮り方ではなく、つまり「観客席から座って見ている映像」ではなく、移動や編集も加わったバークレー的なものを目指さなければならず、さらにその映像が国民的なメディアを目指すためには、スターを見つけて「アステア的映像」を作り上げる必要があるということ、しかし、アステア的な映像が成功したら、それは衰退の始まりであるということです。

参考文献

加藤幹郎『映画ジャンル論――ハリウッド映画史の多様なる芸術主義』文遊社、二〇一六年
蓮實重彥「あらゆるメディアは二度誕生する」、浅田彰監修『マルチメディア社会と変容する文化』所収、NTT出版、一九九七年

映像

『フットライト・パレード（*Footlight Parade*）』監督：ロイド・ベーコン、振付：バズビー・バークレー、一九三三年
『踊らん哉（*Shall We Dance*）』監督：マーク・サンドリッチ、主演：フレッド・アステア／ジンジャー・ロジャース、一九三七年
『雨に唄えば（*Singin' in the Rain*）』監督：ジーン・ケリー／スタンリー・ドーネン、製作：A・フリード、一九五二年
『遥かなるアルゼンチン（*Down Argentine Way*）』監督：アーヴィング・カミングス、一九四〇年

講義9　活劇論——戦う身体

運動と情動と映画の最も幸福なむすびつきは、インドの歌謡ダンス映画（妖艶なミュージカル映画）、中国語圏の武俠映画（その応用編としては、剣戟にかわつて《ママ》華麗な包丁づかいが楽しめる「料理映画」）、そして日本の時代劇（ちゃんばら映画）にある。ハリウッドの絢爛たるミュージカル映画といえども、これら東洋の三大身体ジャンルにはかなわない。

（加藤幹郎「殺陣の構造と歴史」、京都映画祭実行委員会編、筒井清忠／加藤幹郎責任編集『時代劇映画とはなにか——ニュー・フィルム・スタディーズ』所収、人文書院、一九九七年、一六四ページ）

講義7と講義8では、スラップスティックとミュージカル映画という、アトラクションの系譜に立つ、運動を重視したジャンルをみてきました。一九一〇年代に生まれて二〇年代に黄金期を迎え、三〇年代に衰退していったスラップスティック。それと引き換えに三〇年代に生まれ、戦争を挟んで四〇年代後半から五〇年代に黄金期を迎え、六〇年代に衰退していったミュージカル映画。この二つのジャンルは、人々の運動への欲求に応えながら、スペクタクルな映像を作り上げていきました。

しかし、人々の運動への欲求に応えていったのは、この二つのジャンルだけではありません。スラップスティックと同じく一九一〇年代に生まれながら、二〇年代から五〇年代まで、常に黄金期のようなトップクラスの人気を誇ったジャンルがありました。それが活劇、アクション映画です。

活劇とは、戦士による戦闘を主題にする映画であり、様々なサブジャンルを生み出しました。アメリカの西部劇、冒険活劇、連続活劇、戦争映画、日本のチャンバラ映画、中国のカンフー映画、武俠映画などがあります。フランス映画の「ジゴマ」「ファントマ」シリーズにその先行形態をみることもできますが、本格的に開花したのはアメリカのハリウッドです。そこで生まれた西部劇、冒険活劇、連続活劇は、瞬く間に初期ハリウッドの主力商品になり、スラップスティックとともに、十年足らずでハリウッドを世界の映画の都に押し上げる大きな力になりました。そして、ソ連のエイゼンシュテイン、ボリス・バルネットをはじめ世界の映画人に大きな影響を与えました。日本の黒澤明が、西部劇のフォードから影響を受けたことは有名な話ですが、小津安二郎や溝口健二もアメリカの活劇から大きな影響を受けていて、初期に活劇も撮っています。

今回の講義の前半はアメリカの活劇、後半は日本の活劇であるチャンバラ映画について考えてみます。

1　ハリウッドの活劇(Action Drama)

西部劇

アメリカの代表的な活劇が西部劇です。西部劇とは、特に開拓時代のアメリカの西部が舞台の銃による決闘を主題にした叙事詩的映画です。一九一〇年代の代表的な監督としてインスがいます。インスは、スラップスティックのセネット、史劇・メロドラマのグリフィスとともに、一五年に三人でトライアングル社を設立し、これがハリウッド形成の中核になりました。インスは、ウィリアム・ハートという主役俳優を見いだし、一六年の『リターン・オブ・ドロー・イーガン』など、西部劇というそれまでになかった映画のジャンルを作り出しました

（図9―1）。

　西部劇は、馬の疾走と銃の早撃ちを至上の価値にしながら、そこには善悪の二元的対立という物語構造があり、歴史をもたない移民社会アメリカの国民的神話になりました。このジャンルはのちに、西部劇専門の監督を多数生み出しました。代表的な監督として、セシル・B・デミル、フォード、キング・ビダー、ラオール・ウォルシュ、アンソニー・マン、ペキンパーなどがいます。また、数多くの西部劇専門の俳優も生み出しました。いうまでもなく、その代表はジョン・ウェインです。

　インスは、西部劇のほかにも様々な映画を撮っていますが、そのなかに日本を題材にした映画もあり、それを契機に日本人もハリウッドで働くことになります。その一人、トマス・栗原はインスのもとで映画を学んだあと、日本に帰国。日本最初のセネット調のスラップスティック映画『アマチュア倶楽部』を一九二〇年に作ったあと、二六年に亡くなるまで三十本以上の映画を監督し、多くの映画人を育てます。ちなみに彼は十七歳のときに渡米した生粋の日本人ですが、彼の名前のトマスはインス本人から与えられたものです。

　同じくハリウッドで学んだヘンリー・小谷も、一九二〇年に帰国し、新興映画会社である松竹の基礎を作り上げて日本映画界に新風を吹き込みます。また早川雪洲は、一五年のセシル・デミル監督の『チート』で主役を務め、この映画が大ヒットしたためにこのあと長くハリウッドにとどまりスターの座を築いていきます。

　アメリカの代表的なジャンルだった西部劇も一九六〇年代の

図9-1　『リターン・オブ・ドロー・イーガン』
（出典：VHS ビデオ『シネマ・クラシクス 驚異の映画創世史3』日本フォノグラム、1988年）

スタジオシステムの崩壊とともにジャンルとしては消滅していきます。クリント・イーストウッドなど、西部劇に対する思い入れがある個々の監督はいますが、ジャンルとして復活することはありませんでした。

活劇

西部劇にわずかに遅れますが、ハリウッドで生まれ、全世界で人気があったジャンルが冒険活劇です。冒険活劇の主人公は、表向きはアウトローだが危機に瀕した国を再興する英雄で、旧態の国家維持や復興のために戦うので、保守的な政治アクション映画とも評価されます。舞台は、中世や中近東、メキシコなど様々ですが、絶対的な過去形の物語であることは共通しています。そして、最大の特徴は身体運動、特に剣による決闘のダイナミズムです。

冒険活劇はスターを作り出しました。一九二〇年代のフェアバンクス、三〇年代のエロール・フリンが有名です。とりわけフェアバンクスは、初期ハリウッドを代表するアクションスターです。初めて筋力トレーニングをおこなって肉体美を作り上げた俳優としても知られています。また、チャップリン、ピックフォードとともにユナイテッド・アーティスツを作り、これがハリウッド形成の大きな力になりました。また、当時の日本でも最も人気があった洋画俳優でもありました。

このハリウッドが生んだ初期の大スターのフェアバンクス主演の大ヒット作の一つが、一九二〇年の『奇傑ゾロ』（監督：フレッド・ニブロ）です。『ゾロ』はその後何度もリメイクされ、『快傑ゾロ』と表記されることもありますが、今回の講義で取り上げるのはその第一作で、サイレント映画です。この作品はネット動画でも見ることができます。

フェアバンクス扮するドン・ディエゴは、父と二人で暮らす富豪の御曹司で、社会からはただの気弱な男と嘲笑されていました。しかし、彼こそが強きをくじき弱きを助ける、大盗賊にして正義の味方、仮面の剣士ゾロ。そのトレードマークは、現れた場所に残された剣で刻んだZの文字。ゾロがさらわれた女性を救いに悪党の砦に乗り込むシーンでは、見事な剣さばきを披露しています。また、卓越した運動能力で次々と敵の追跡をかわして悪党から女性を救い出すシーンは、まさに痛快です（図9―2）。

冒険活劇というジャンルは、一九四〇年代に第二次世界大戦の勃発によって戦争映画にその座を奪われて衰退し、消滅しますが、八〇年代に復活します。その先駆けになる作品が七七年に始まる「スター・ウォーズ」シリーズです。

「スター・ウォーズ」というとSF映画のイメージが強いですが、「遠い昔、はるか彼方の銀河系で」というオープニングクロールで始まる点、盗賊が救国の英雄になる点、剣が決闘の手段になっている点、すべてが冒険活劇のジャンルの法則に合致しています。また、一九八一年に始まる「インディ・ジョーンズ」シリーズも冒険活劇の一種と見なすことができます。この二つのシリーズをそれぞれ手がけた、ルーカスとスティーブン・スピルバーグという新しい才能が大衆の心をとらえ、冒険活劇といういったんは死滅した、しかし映画的記憶に満ちあふれたジャンルを再興したのです。

図9-2 『奇傑ゾロ』
（出　典：「Mark of Zorro (1920) | Full Movie | Adventure | Douglas Fairbanks | Marguerite De La Motte」「YouTube」〔https://www.youtube.com/watch?app=desktop&v=-SmwZ144F6E〕［2023年12月4日アクセス］）

時を同じくして、シルベスター・スタローンやアーノルド・シュワルツェネガーという活劇のスターが登場してきます。一九七六年の『ロッキー』（監督：ジョン・G・アヴィルドセン）、八二年の『ランボー』（監督：テッド・コッチエフ）、八四年の『ターミネーター』（監督：ジェームズ・キャメロン）がその契機になりました。六〇年代から七〇年代にスタジオシステムが崩壊し、映画産業としてどん底にあったハリウッドが八〇年代に復活してくるきっかけが活劇だったのです。

2　日本のチャンバラ映画

活劇というジャンルは世界の映画界に影響を与え、日本でも新たな活劇のジャンルが生まれるきっかけになります。チャンバラ映画の誕生です。チャンバラ映画とは、特に戦国時代から江戸時代の日本が舞台の、剣による決闘を主題とした時代劇映画です。

『豪傑児雷也』――旧劇時代の時代劇

まず、活劇というジャンルから影響を受ける前の、旧劇とも呼ばれていた初期の時代劇映画を一つ取り上げます。一九二一年の『豪傑児雷也』です。監督は牧野省三、主演は尾上松之助。牧野は「日本映画の父」と称されている日本映画の草創期を代表する映画監督です。三百本を超える作品を作り上げたほか、尾上松之助、阪東妻三郎、片岡千恵蔵ら多くの俳優や、衣笠貞之助や内田吐夢ら多くの監督や映画人を育て上げたことでも知られています。松之助は「目玉の松ちゃん」として大衆的な人気を集め、千本以上の映画に出演し、世界で最も多くの映画に主演した俳優としても知られています。

『豪傑児雷也』のなかで、松之助扮する児雷也が敵の雄呂血《おろち》丸と戦うシーンでは、両者が巨大なカエルやヘビに変身します。特撮技術の稚拙さなどツッコミどころ満載ですが、これはこれとして非常に面白い映画だと思います。雰囲気としては、メリエスの『月世界旅行』（一九〇二年）に似た映像といえるでしょう。つまり演劇的映画ということです。カメラは中央に据えられ、ロングショットのままほとんど動かず、トリック映像を用いる場面以外でショットが変わることがあまりなく、ショット数は全編で三十七しかありません。舞台演劇を見ているようです（図9—3）。

『雄呂血』——「チャンバラ映画」の誕生

　このように演劇的だった時代劇映画は、一九二〇年代に大きな変化を遂げます。影響を与えたのは、アメリカの活劇である西部劇、冒険活劇です。二五年の『雄呂血《おろち》』でそれを確認してみましょう。『雄呂血』の監督・二川文太郎は、先に紹介したトマス・栗原からハリウッド流の映画作りを学び、『奇傑ゾロ』の日本版リメイクである『快傑鷹』を二四年に作っています。

図9-3　『豪傑児雷也』
（出典：「Jiraiya the Hero ／豪傑児雷也（1921）」「YouTube」〔https://www.youtube.com/watch?v=jvbtVCCFQkk〕［2023年12月4日アクセス］）

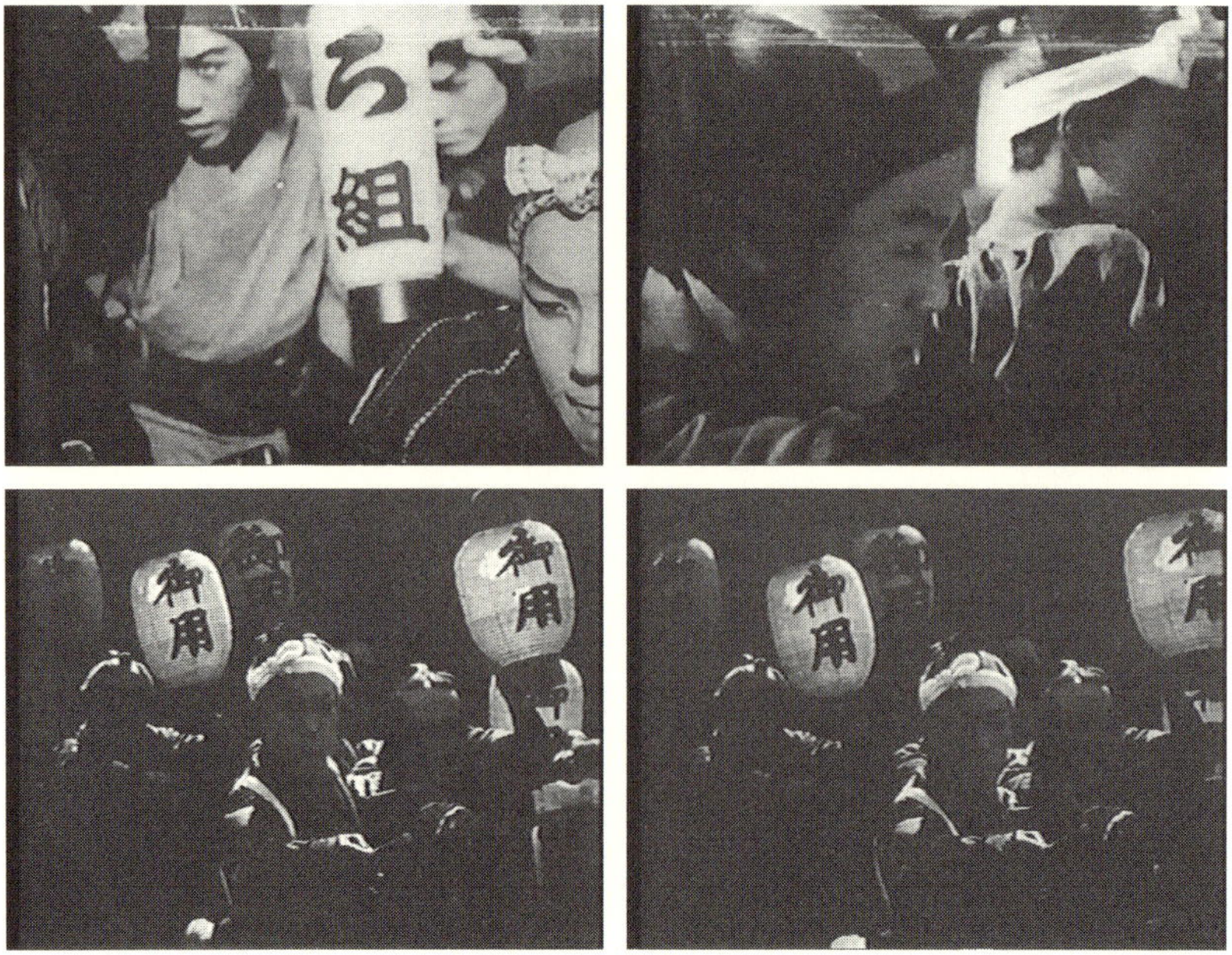

9-4 『雄呂血』
（出典：DVD ビデオ『雄呂血』デジタル・ミーム、2011年）

『雄呂血』の主人公・妻三郎扮する平三郎は、正義感あふれる剣の達人。しかし、師の悪口を言われたことでけんかを起こしたため破門になり、師の娘との結婚も破談になって、浪人の身に落ちていきます。さらに悪いうわさを立てられ役人に追われるはめになり、ヤクザの親分にかくまわれてその用心棒になります。ある日、ヤクザの親分のもとに旅の夫婦が連れてこられて、痛めつけられています。見ると、昔の婚約者だった女性とその夫です。平三郎は許してやってほしいと頼みますが、親分は聞き入れない。平三郎はやむをえず力ずくで夫婦を助け出しましたが、外は平三郎を追う役人が取り囲んでいました。逃げる平三郎と追う役人のチャンバラの始まりです。

　最後のほうで、ショットがチカチカと短時間で交代するところが二カ所あります。これは、加速度編集法という当時の最先端の編集法です（図9―4）。最初は長く、次第に短く、最後は非常に短く交互にショットを切り替えていく手法で、一九二三年にフランスの映画監督アベル・ガンスが『鉄路の白薔薇』のなかで試みた前衛的編集法です。このような編集方法だけではなく、映像の作り方も、四年前の『豪傑児雷也』と全く異なっていることがわかると思います。トラベリングやクレーン撮影という移動撮影や屋根の上からの俯瞰撮影も試みられています（図9—5）。クローズアップも多用されています（図9—6）。

全編のショット数は八百で、ショット時間の平均は五・六秒。当時のハリウッド映画とほぼ同じです。講義4「編集論」で説明したように、現在のスポーツ中継の映像もほぼ一分間で十回、一ショットの平均が六秒でした。

それらが意味するものは何か。日本の映像技術が世界水準に追いついたということです。世界の標準的な撮影技法だけでなく、世界でも前衛的な加速度編集法も試みていて、非常に野心的な作品であることがわかります。この『雄呂血』をきっかけにして、日本にチャンバラ映画が生まれます。

図9-5 『雄呂血』
（出典：同DVDビデオ）

図9-6 『雄呂血』
（出典：同 DVD ビデオ）

その特徴の一つは、いま述べたように世界レベルの映像技術を採用していることです。撮影や編集などのすべての技術です。一九三〇年代にはここに音響技術も加わります。もう一つの特徴は、従来の勧善懲悪的な物語ではなく、近代的な物語を採用していることです。個人主義や恋愛至上主義の物語が時代劇に持ち込まれます。また、社会一般の価値に対する懐疑主義、あるいはニヒリズムの主人公が登場します。さらには近代的な価値観、「都市」的な価値観への批判者も登場します。

つまり、チャンバラ映画とは、舞台は日本の過去の世界ですが、物語は現代的で、表現方法は世界最先端の技法だったのです。ハリウッドの活劇に学んで世界水準に日本映画を引き上げたもの、それがチャンバラ映画だったのです。この時代の日本映画の革新的な変化については佐藤忠男の『増補版 日本映画史Ⅰ』が参考になります。関心がある人はぜひ読んでみてください。

映画史家ノエル・バーチは、一九三〇年代を日本映画の黄金時代と呼んでいます。黄金時代を形成した中核にあるハリウッドの活劇に相当するジャンルがチャンバラ映画だったのです。

『血煙高田の馬場』――チャンバラ映画の黄金時代

黄金時代の作品も一つ取り上げましょう。一九三七年の『血《ち》煙《けむり》高田の馬場』です。主演は、同じく妻三郎。監督はマキノ正博と稲垣浩。トーキー映画です。マキノ正博は、日本映画の父と呼ばれた牧野省三の息子で、『鴛鴦歌合戦』（一九三九年）から『日本侠客伝』（一九六四年）まで二百本以上の幅広い作品を作り上げた職人的な作家です。山根貞男『マキノ雅弘』という評伝も出ていますが、後年になるとマキノ雅弘の名義を使うことが多くなります。もう一人の監督・稲垣浩も、のちに『宮本武蔵』（一九五四年）や『無法松の一生』（一九四三年）で世界的に評価された監督です。

『血煙高田の馬場』の物語は、有名な高田馬場のあだ討ちです。主人公の中山安兵衛は酒飲みの浪人。いつも酒とけんかに明け暮れている。唯一の親戚の叔父は小言ばかり言っているが、心のなかでは安兵衛のことを心配している。その叔父が御前試合で怨恨を買い、果たし合いを申し込まれる。叔父は安兵衛に助太刀を頼もうとするが、安兵衛は酒を飲みにいっていて帰ってこない。約束の時間が近づいたので、叔父は近所の長屋の住人に手紙を預けて果たし合いにいく。ぐでんぐでんに酔っぱらって帰ってきた安兵衛は、叔父の手紙をまたいつもの小言だと思ってなかなか読もうとしない。心配した長屋の住人が、安兵衛に手紙を読むよう迫り、ようやく真相を知った安兵衛は、頭から水をかぶって酔いをさまし、急いで果たし合いの場、高田馬場に向かう。

高田馬場に駆けつける疾走シーンは、日本の映像史に残るものでしょう。そこでの反復していく感覚は、アトラクション感覚、運動感覚に満ちたものといえます。また、チャンバラのシーンでの妻三郎の身のこなしは、現在のチャンバラの約束事に慣れた目からすると異様に見えます。必要以上に跳んだりはねたりしているようにも見える。殺陣の間の決めのときは、浮世絵で見るような古典的なポーズを取ったりするのですが、チャンバラのシーンでは、ボクシングのようなステップを踏んだりしています。相手役の侍たちがいわゆるチャンバラのお約束で動いているのに対して、主人公の妻三郎の一種の動物的な動きが目立ちます。それが十八人斬りという超人的な剣の達人がもつ異質で動物的な動きを感じさせ、逆にリアルに見せています。黄金時代のチャンバラ映画の身体運動がどんなものだったのかを感じさせてくれる映像です。

チャンバラ映画の二つの表現様式

アメリカの映画研究者デヴィッド・ボードウェルは「フランボワイヤンから荘重性へ」で、時代劇の表現様式をフランボワイヤン様式とピクトリアリズム様式に分けています。

図9-7　『座頭市物語』
（出典：DVD ビデオ『座頭市物語』角川書店、2017年）

フランボワイヤン様式のフランボワイヤンとは、フランス語で「炎のように燃え上がるような」という意味で、もとは建築などで用いる美学上の用語です。ここでは、「急激な編集によってサスペンスと興奮を高めていく様式」のことをいい、代表作品として挙げているのは一九二五年の『雄呂血』です。一方、ピクトリアリズムとは、「絵画のような」という意味で、写真の歴史のなかで一時期現れた様式などを表す用語です。ここでは「幾何学的構図によって映像に安定感を与え、荘重さを生み出す様式」のことをいい、代表作品として挙げているのは、溝口健二の四一年から四二年の作品『元禄忠臣蔵』です。

ボードウェルは、フランボワイヤンの特徴的な技法を編集に、ピクトリアリズムの特徴を構図にみていて、フランボワイヤンがもたらす情動的効果をサスペンスと興奮に、ピクトリアリズムの情動的効果を荘重さに求めています。ミュージカルでいう、バークレー的なものとアステア的なものとつながる分類といえます。つまり、アトラクション的なフランボワイヤン様式と、物語に重きを置くピクトリアリズム様式です。

先ほど取り上げた『血煙高田の馬場』のシーンは、フランボワイヤン様式といえるでしょう。では、ピクトリアリズムとはどういうものだったのか。ボードウェルは、溝口の『元禄忠臣蔵』を例として挙げていますが、三隅研次の一九六二年の作品『座頭市物語』もその代表作といえるでしょう。この作品は、のちに第二十五作までシリーズ化され、何度もリメイクされている『座頭市物語』の記念すべき第一作です。三隅は、溝口の助監督を長く務めた監督で、溝口的な構図へのこだわり、ピクトリアリズムの映像が感じられる作品を撮っていますが、『座頭市物語』もその一つです。

『座頭市物語』の主人公・座頭市は、座頭の名のとおり丸坊主の盲人。杖に仕込んだ刀を逆手で抜き、敵を斬り倒すという異形の剣の使い手で、その異次元のスピードと身のこなしは見る人を圧倒します。

座頭市と平手造酒《みき》は、対立するやくざの飯岡助五郎と笹川繁造の食客と用心棒という関係なのですが、何度か会ううちに打ち解け、友情を感じ合う仲になっていました。平手は病に侵されていて、ついに喀血して倒れる。それを機に二つのやくざによる喧嘩《でいり》が始まるのですが、座頭市を撃ち殺すために鉄砲を持ち出した笹川の子分に対し、平手は、自分が喧嘩に加担するから鉄砲を使うなと説得し、病床から起き上がります。

一方、座頭市はすでに飯岡の食客をやめていて、平手を気遣って見舞いに訪れますが、時すでに遅く、平手が命を賭して喧嘩に出たことを知ります。平手を放っておけず、喧嘩に駆けつける座頭市。飯岡の子分を斬りまくるなかでまたも喀血し、余命いくばくもない平手が最後に望んだのが、座頭市との一対一の真剣勝負だったのです。

この映画では、クライマックスである座頭市と剣豪・平手の決闘のシーンでも、構図による荘重さが感じられます（図９―７）。

3 チャンバラ映画とスポーツ

アメリカで活劇が一九六〇年代に衰退し消滅していったのと同時に、日本でも六〇年代の映画産業の斜陽とともに、チャンバラ映画は衰退していきます。日本の活劇は、その後もやくざ映画のなかに変形して残存していきますが、七〇年代にはそれも消滅します。

チャンバラ映画は一時期絶大な人気を誇り、一つのジャンルとして日本の社会に着実に根づきました。その初期、チャンバラ映画が誕生した一九二〇年代は、実はスポーツが日本社会で脚光を浴び始めた時代でもありました。

一九二〇年のアントワープオリンピックでは、男子テニスで二位になり、日本に初のメダルをもたらします。二三年には、大正天皇が現在のアジア競技大会の前身である極東選手権競技大会に天皇杯を下賜し、総合優勝した日本がそれを獲得します。一五年に始まった全国中等学校野球大会が人気を高め、会場を甲子園に移したのは二四年です。同年には、国民体育大会の前身である明治神宮競技大会も始まります。

チャンバラ映画は、スポーツとともに時代に呼応した運動をみせた文化だったのです。橋本治は『完本チャンバラ時代劇講座2』で、「チャンバラの基となる剣道というのは、全く日本的な身体活動です。（略）最も日本的な動きを持つ世界に、それとは全く異質な西洋的行動様式を持ち込んでしまった最初のもの、それがチャンバラ映画だった」と指摘しています。従来の歌舞伎や剣道などの日本の身体文化にはない、走る、跳ぶなどのスポーツ的な身体運動を持ち込んだのがチャンバラ映画だったのです。

チャンバラ映画の国際的影響力

チャンバラ映画は世界にも影響を与えていきます。黒澤明の一九五四年の『七人の侍』や六一年の『用心棒』が西部劇に影響を与え、リメイクされたことはよく知られています。ジョン・スタージェス監督の六〇年の『荒野の七人』、イーストウッド主演の六四年の『荒野の用心棒』（監督：セルジオ・レオーネ）がそれです。

また、「スター・ウォーズ」シリーズのなかにも、日本のチャンバラ映画の影響をみることができます。「スター・ウォーズ」では、必ず剣による決闘シーンがあるのですが、ジャンルの規則に従うとフェンシングのような片手操作の剣による決闘のシーンになるはずです。ところが、「スター・ウォーズ」の決闘のシーンでは、光の剣ライトセーバーを両手で持っています。この剣を両手で持つという文化は、西欧のフェンシングにも、中国語圏の武侠映画にもありません。日本独特のものです。

「スター・ウォーズ」のなかで、登場人物が両手で剣を持っているのは、日本のチャンバラ映画、特に黒澤に対するオマージュだといわれています。チャンバラ映画が、アメリカの西部劇や冒険活劇に影響を与えたことは不思議ではありません。そもそも日本のチャンバラ映画は、アメリカの西部劇や冒険活劇の影響で生まれたからです。

「座頭市」シリーズはアジアへ輸出され、中国語圏で人気がありました。シリーズ第二十二作『新座頭市　破れ！唐人剣』は、剣の達人の中国人が登場するという、中国語圏の人気を想定した作品でした。そして「座頭市」シリーズは、武侠映画やカンフー映画にも影響を与え、また、実際に座頭市のスタッフが中国語圏の映画の製作に尽力するという人的交流の歴史ももっています。ブルース・リーが、勝新太郎との共演を望んでいたということも知られています。

最高度の身体運動の表現

活劇は、最高度の身体運動＝スペクタクルを表現しうるジャンルといえます。そしていったんジャンルとして成立すると、アメリカの西部劇や日本のチャンバラ映画、香港・中国のカンフー映画のように、一国の映画産業の自立的発展を可能にし、同時に世界市場への参入を可能にします。活劇は、グローバルな展開が可能な売れる商品になるからです。そしていったん成立した活劇のジャンルは、長くその国の社会イメージを形成します。アメリカ人が保安官として、あるいはガンマンとして、日本人が侍として、忍者として表象されるのは、ひとえに活劇の力なのです。

現在の日本では、チャンバラ映画に対して、古い時代を舞台にしたマンネリズムの映像で、年長者だけが見るものというイメージがあるかもしれませんが、チャンバラ映画はその当初、世界最先端の技術と現代的な物語と目を見張るような身体運動を備えたものだったのです。それまでの日本になかった全く新しいもの、新しい世界を感じさせるものがチャンバラ映画でした。それゆえに、日本を世界有数の映画大国に作り上げ、世界の映画に影響を与え返す力をもっていたのです。

スポーツ映像の未来

活劇とスポーツ映像は、戦いの映像化という点で明らかに親和性をもっています。チャンバラ映画がフランボワイヤン様式とピクトリアリズム様式に分かれていたように、スポーツ映像もその目的に応じて双方の作り方ができるように思われます。

フランボワイヤン様式について、ボードウェルは編集のスピードを強調していましたが、最先端撮影技術を導入してサスペンスと興奮を高める様式、アトラクションの系譜に立つ映像を作ることもできるはずです。

また、ピクトリアリズムとしては、構図にこだわり荘重さを演出して、ドラマチックに対決の物語を演出する様式が考えられます。ある種の様式美ないし「紋切り型」の映像美、物語に従属する映像として追求していくこともできるでしょう。

参考文献

加藤幹郎「殺陣の構造と歴史」、京都映画祭実行委員会編、筒井清忠／加藤幹郎責任編集『時代劇映画とはなにか――ニュー・フィルム・スタディーズ』所収、人文書院、一九九七年
佐藤忠男『増補版 日本映画史Ⅰ――１８９６―１９４０』岩波書店、二〇〇六年
デヴィッド・ボードウェル「フランボワイヤンから荘重性へ」、京都映画祭実行委員会編、筒井清忠／加藤幹郎責任編集『時代劇映画とはなにか――ニュー・フィルム・スタディーズ』所収、人文書院、一九九七年
橋本治『完本チャンバラ時代劇講座２』（河出文庫）、河出書房新社、二〇二三年
山根貞男『マキノ雅弘――映画という祭り』（新潮選書）、新潮社、二〇〇八年

映像

ＶＨＳビデオ『シネマ・クラシクス 驚異の映画創世史３』日本フォノグラム、一九八八年
『リターン・オブ・ドロー・イーガン（*The Return of Draw Egan*）』監督：トマス・インス、主演：ウィリアム・ハート、一九一六年
『奇傑ゾロ（*The Mark of Zorro*）』監督：フレッド・ニブロ、主演：ダグラス・フェアバンクス、一九二〇年（https://www.youtube.com/watch?v=-SmwZ144F6E）［二〇二三年十二月四日アクセス］
『豪傑児雷也』監督：牧野省三、主演：尾上松之助、一九二一年（https://www.youtube.com/watch?v=jvbtVCCFQkk）［二〇二三年十二月四日アクセス］
『雄呂血』監督：二川文太郎、主演：阪東妻三郎、一九二五年
『血煙高田の馬場』監督：マキノ正博／稲垣浩、主演：阪東妻三郎、一九三七年
『座頭市物語』監督：三隅研次、主演：勝新太郎、一九六二年

講義10　ドキュメンタリー映画論

私はこの《フィクション》と《ドキュメンタリー》という古典的な言葉を、同じひとつの事柄の二つの側面を示す言葉としてつかっています。

（ジャン＝リュック・ゴダール『ゴダール／映画史Ⅱ』奥村昭夫訳、筑摩書房、一九八二年、三三〇ページ）

大衆の心を摑むのは映画やニュースではなく、リアルタイムスポーツである。サブスクライバー（加入者）を増やすためには、その国に合わせたスポーツ番組を提供することが一番の早道である。

（「メディア王」ルパート・マードックの言葉。広瀬一郎『メディアスポーツ』読売新聞社、一九九七年、三八ページ）

講義7から講義9の三回にわたって、スラップスティック、ミュージカル映画、活劇というアトラクションの系譜に立つジャンル映画についてみてきました。それらのなかでは、物語映画が成立したあとも物語に回収されない運動を重視した映像が保存され、進化を遂げていきました。

実はこうした三つのジャンルとは違う形態で、物語映画に回収されない映画が生まれていました。それがドキュメンタリー映画です。ドキュメンタリー映画は、テレビのニュース、つまり報道としての映像のあり方に大きな影響を与えたという点でも重要な存在です。

テレビのなかのスポーツは、大きくは次の三つに分類されます。スポーツニュース、スポーツ中継、そしてスポーツドキュメンタリーです。そもそもテレビ番組は、報道・娯楽・教養・教育と分類されています。なかでも報道と娯楽は峻別されていて、目的も価値観も違います。報道は、ジャーナリズムとしてのテレビということを自覚し、客観性・公共性を重視します。スポーツニュースは、報道の枠のなかにあります。スポーツ中継も拡大されたスポーツニュースとして、報道という枠のなかにあります。

最近、報道とも娯楽ともつかない情報番組が生まれ、そこに娯楽的側面が流入し、スポーツ中継もある種の情報番組化・バラエティー番組化する傾向もみられます。それもスポーツ中継の一つのあり方であるとは思いますが、従来のスポーツニュースやスポーツ中継が報道のなかで生まれ育ってきたこと、そのために客観的・公共的な性格を内包してきたことは、歴史的事実としてみておく必要があるでしょう。

今回の講義では、物語映画に回収されず、テレビのニュース映像、報道としての映像に大きな影響を与えた、ドキュメンタリー映画の誕生と展開を追いかけていきます。

1　ドキュメンタリー映画の生成——現実の物語化

ドキュメンタリー映画の父——ロバート・フラハティ

一九一〇年代にそれを最初に試みたのが、ドキュメンタリー映画の父と称されるロバート・フラハティです。探検家であり探鉱者だったフラハティは、人が目にしたことがない世界を記録しようとして映像を撮り始め、カナダのネイティブ、先住民の人々の生活の記録を残しました。その作品が二二年の『極北のナヌーク（極北の怪異)』です。フラハティは彼らのことをエスキモーと呼び、実際の映像のなかでもエスキモーと言っています。近年、エスキモーは差別用語でありイヌイットと呼ぶべきだとする向きもありますが、今回の講義では歴史的呼称としてエスキモーと呼ぶことにします。

フラハティは、異文化の人々とともに暮らしながら映像を撮るという手法を採りました。この手法は、その後多くのドキュメンタリー作家たちが手本にしました。フラハティの作品は、蔑視とも美化とも無縁のヒューマニズム的な視線をもち、エスキモーの世界を詩的に描いています。もちろん彼は、自分が産業文明の先兵であることを十分に理解していました。彼は、『極北のナヌーク』を作った意図を次のように説明します。

私は、白人が原住民をどう変えてしまったかを描くつもりはない。(略)

図10-1 『極北のナヌーク(極北の怪異)』
(出典:DVDビデオ『極北の怪異(極北のナヌーク)』アイ・ヴィー・シー、2013年)

私が描きたいのは、この人々のかつての偉大さと品格だ。まだ可能なうちに——白人がかれらの品性だけでなく、かれら自身をも滅ぼさないうちに。『ナヌーク』を作らねばならぬという衝動の基にあったのは、この人々に対する私の気持ち、かれらへの崇敬の念だった。かれらのことをみんなに語りたかったのだ。

（エリック・バーナウ『ドキュメンタリー映画史』安原和見訳、筑摩書房、二〇一五年、五二ページ）

『極北のナヌーク』がロマンチックとされて、評価あるいは批判されるのは、あるがままを記録したからではなく、フラハティ自身が抱いていたイメージを描いたとされるからです。しかし、見たこともないような世界の映像（図10—1）は、新たな映像的可能性として人々の興味を引き、一般公開された『極北のナヌーク』は映画館を満員にし、ドキュメンタリー映画の可能性を開きました。『極北のナヌーク』は、社会に与えた影響という点でも、作品としての質の高さという点でも、のちのドキュメンタリー映画に大きな影響を与え、いまでもドキュメンタリー映画史上ナンバーワンと多くの人から見なされています。フラハティは、一九三四年に『アラン』を、四八年には『ルイジアナ物語』を撮ります。

これから述べていくように、フラハティの影響によってドキュメンタリー映画を作っていく作家は多くいますが、彼はフィクションの作家たちにも影響を与えています。メリアン・クーパーとアーネスト・シュードサックは、フラハティの影響で一九二五年に移民のドキュメンタリー映画『地上』を撮って成功を収めたあと劇映画に移り、三三年に『キング・コング』で大成功を収めます。映画の前半、南海の孤島にあるジャングルのシーンでのドキュメンタリーの手法が効果的だったことは間違いありません。

映画的真実の探求——ジガ・ヴェルトフ

この時代には、ソ連でもドキュメンタリー映画の可能性を開く試みがおこなわれていました。それがジガ・ヴエルトフの試みです。ヴェルトフは、医学生であり、未来派の影響を受けた詩人でもありましたが、一九一七年にボルシェビキが権力を握ると、モスクワの映画委員会に志願して、ニュース映画の編集者になりました。そして激烈な宣伝文の書き手、理論家、プロデューサーになります。ヴェルトフは、ソ連映画の役割は、社会主義的現実を記録することだと主張し、労働者や農民の生活のなかに、革命の萌芽を探そうとしました。それが、映画的真実（キノ・プラウダ）の探求だとしたのです。

彼のアジテーションに次のような言葉があります。「キノ・ドラマは民衆の阿片である。キノ・ドラマと宗教は資本家が持っている決定的な武器である。（略）ブルジョア劇シナリオ粉砕！あるがままの生活万歳！」。劇映画に対する敵意が強く感じられる言葉です。当然同じ左翼の映画作家たちからは反発も起こりますが、ヴェルトフを強く支持したのが世界初の社会主義革命を成功へと導いたウラジーミル・レーニンでした。レーニンは「共産主義の思想に貫かれ、ソビエトの現実を反映する新しい映画製作は、ニュース映画から始めるべきだ」と述べ、ヴェルトフらの活動を後押しします。この支持を背景に、ヴェルトフは「キノ・プラウダ」シリーズ（一九二二—二五年）、『キノ・アイ』（一九二四年）、『世界の六分の一』（一九二六年）などのドキュメンタリー映画を発表していきます。

一九二九年のパリ訪問中の講演で、彼はこう語っています。

「映画の眼〔キノ・アイ〕」の歴史は、絶え間ない闘争の歴史でした。世界の映画の進む方向を修正するため、演技よりも現実を重視するように映画の主眼を変化させるため、演出の代わりに記録を用いるため、額縁舞台を脱してなまの現実という舞台に飛び込むために、私たちは闘ってきたのです。

（前掲『ドキュメンタリー映画史』六九—七〇ページ）

彼の『カメラを持った男』（一九二九年）は、自身の集大成ともいうべき作品です。これは、ソ連の日常生活の万華鏡的描写であり、同時に彼が提唱した「映画の眼」の展覧会になっています。また、撮影スタッフが自らの映像のなかに登場するという画期的な作品でもあり、当時の映画人に大きな影響を与えました。この作品には、出来事や筋というものはありません。ソ連の朝の様々な風景を、様々なショットで映像的にとらえようとしたものです。

しかし、字幕もナレーションもないこの作品は、難解であるという批判も受けました。レーニンを亡くし、ヨシフ・スターリンの時代になり、社会主義リアリズムのわかりやすい映画が好まれ始めていた時代の到来によって、ヴェルトフは徐々に窮地に陥っていきます。そうした時代状況に呼応するように一九三四年には、それまでとスタイルを変えた『レーニンの三つの歌』を発表します。『カメラを持った男』よりもはるかにわかりやすいドキュメンタリー映画で、ヴェルトフ作品としては後退であるという批判もありますが、その一方で、長年一緒に活動してきた弟のミハイル・カウフマンは、ヴェルトフ作品のなかの最高傑作だと述べています。

ヴェルトフがドキュメンタリー映画に与えた影響も、フラハティに劣らず巨大なものです。フランスの映画監督ジャン＝リュック・ゴダールが一時期、ゴダールという名前を捨ててジガ・ヴェルトフ集団という名前で集団的な映画製作活動をしていたことも、ヴェルトフの影響力の大きさを示しています。また、ニューメディア研究者のレフ・マノヴィッチは、現在ではニューメディア研究の古典になっている二〇〇一年の『ニューメディアの言語』のなかで、ヴェルトフの『カメラを持った男』はネット時代のメディアの言語を先取りしていると指摘しています。

フラハティとヴェルトフの試みは、思想的には大きく異なりますが、両者ともにドキュメンタリー映画の可能性を切り開き、世界に影響を与えていきます。

ジョン・グリアスンとイギリスのドキュメンタリー映画運動

イギリスでは、ジョン・グリアスンを中心にしたイギリスドキュメンタリー映画運動が起こります。グリアスンは、アメリカでフラハティとエイゼンシュテインに学んだあとでイギリスに戻り、帝国通商局で映画作りにとりかかりました。帝国通商局は、国内の通商を促進して一体感を養い、それによって大英帝国の結束を固めることを目的として活動していました。グリアスンは、一九二九年に最初のドキュメンタリー映画『流網船』を作ります。古い漁村でニシン漁にいそしむ漁民たちの姿を描いたものです。そこでグリアスンが注目したのは、時代に取り残された美しい漁民の姿ではなく、ニシン漁の「蒸気と鋼鉄の叙事詩」であり、「人と機械のチームワーク」であり、この作品はニシン漁を国際貿易の舞台にもっていこうとするプロジェクトでした。帝国通商局の活動が彼の念頭に置かれていたのは明らかです。

グリアスンは、『戦艦ポチョムキン』（一九二五年）の監督エイゼンシュテインに共感していることからもわかるように、社会主義思想への共感者でした。また、グリアスンのもとに集まった映画作家たちも、社会主義思想をもった活動家たちでした。彼らの労働者に向ける共感は本物でした。しかし、撮った作品は国家の枠組みを超えるものではなく、労働者とイギリスを賛美したドキュメンタリー映画だったのです。映画による社会運動といってもいいでしょう。

グリアスンには「私は映画を説教壇だと思っている」という言葉があります。説教壇とは、教会で牧師や司祭が信者に向かって説教する台のことです。彼は、ドキュメンタリー映画を教育や啓蒙の手段として自覚的に作り上げました。いわゆるドキュメンタリー映画＝啓蒙映画、ドキュメンタリー映画＝教育映画という思想の始まりです。代表作に『夜間郵便』（監督：バジル・ライト／ハリー・ワット、一九三六年）、『セイロンの歌』（監督：バジル・ライト、一九三四年）があります。双方ともに監督をしているバジル・ライトは、ヴェルトフに触発されて、ドキュメンタリー映画の道に入ってきた監督です。

グリアスンはイギリスだけでなく、その後、カナダやオーストラリア、ニュージーランドのドキュメンタリー映画運動の支援を国家の援助のもとでおこなっていきます。グリアスンと一緒に運動を担った監督の一人であるポール・ローサは理論家としても知られ、彼の著書『ドキュメンタリー映画』（一九三五年）は、各国に翻訳紹介され、大きな影響力をもちました。日本語にも翻訳され、当時のニュース映画の製作に影響を与えています。ドキュメンタリー映画の作家としては、フラハティとヴェルトフが有名ですが、社会的な影響という点ではグリアスンの影響のほうが強かったかもしれません。

プロパガンダ映画

そしてアメリカでも、『河』（監督：ペア・ロレンツ、一九三七年）、『都市』（監督：ウィラード・ヴァン・ダイク／ラルフ・スタイナー、一九三九年）などのドキュメンタリー映画が社会改革のために作られます。映画作家たちは社会問題を発見し、その改革を訴えていきました。それらはフランクリン・ルーズベルト大統領からも支持され、ニューディール政策による社会改革が映画によって推し進められます。

こうして国家と一体になったドキュメンタリー映画は、戦争の時代に突き進むなかで、プロパガンダ映画へと変貌を遂げます。

各国で情報戦が繰り広げられるなかで、映画はラジオとともにプロパガンダの中心的な役割を果たしました。アメリカはハリウッドを総動員し、フランク・キャプラを総監督にする七本の「われわれはなぜ戦うのか」シリーズを作りました。そして日本・ドイツ・イタリアでも、映画の戦争協力体制ができあがっていきます。日本では映画法が成立し、戦況を報告するニュース映画が毎週映画館で流されるようになるのですが、その製作を担当していた映画人の多くが、戦後には転身してテレビ業界に入っていきます。

プロパガンダ映画の代表作ともいえる作品が、レニ・リーフェンシュタール監督による『意志の勝利』（一九三五年）です。一九三四年のナチスのニュルンベルク党大会の記録映画で、ナチスの全面協力のもと当時のドイツ映画界を総動員して作られたドキュメンタリー映画です。この映像のために大会会場はいうに及ばず、ニュルンベルクの都市のあちこちにカメラが据えられました。『意志の勝利』の冒頭と集会、アドルフ・ヒトラーの演説の三つのシーンがプロパガンダ映画という性格を鮮明に示していると思います。『意志の勝利』にナレーションは付いていません。メッセージは、ヒトラーらナチスの幹部たちの演説に託されています。この映画の力は映像と音響の構成力によるところが大きいと評されています。

〈運動としての映像〉というこの講義全体の視角からみると、プロパガンダ映画とは、物語化されたドキュメンタリー映画といえるでしょう。それまで見たことがない世界に対する憧れと欲望をドキュメンタリー映画は提示することで始まりましたが、一九二二年のフラハティの『極北のナヌーク』からわずか十三年で、プロパガンダの最高傑作の一つであるリーフェンシュタールの『意志の勝利』が現れたのです。ドキュメンタリー映画の変貌は急速でした。

戦後のドキュメンタリー映画運動

第二次世界大戦後、プロパガンダ映画を作ったことへの反省や批判から新しいドキュメンタリー映画運動が起こります。代表的なものとして、フランスのシネマ・ベリテとイギリスとアメリカのダイレクト・シネマがあります。

フランスのシネマ・ベリテの代表的な作品は、『ある夏の記録』（監督：ジャン・ルーシュ／エドガー・モラン、一九六一年）です。

『ある夏の記録』では、街なかでマイクを向けて「あなたは幸せですか？」という質問を投げかけ、世代も階層も異なる人々が抱えている現実を何層にも重ねていきます。作品の後半では、被写体になった人々によって、彼ら自身のインタビュー映像についての議論が交わされます。ここでのドキュメンタリー映画作家は、観察者ではなくカメラを持つ企画参加者であり、彼らはこの作品を「パリに住む奇妙な部族」に対する人類学的研究と位置づけました。

彼らはヴェルトフに敬意を表して、このやり方をシネマ・ベリテと呼びました。キノ・プラウダのフランス語訳です。とても意欲的な試みですが、物語への執着にとらわれていて、映像に対する関心が低い点が残念です。

同じようなドキュメンタリー映画の系譜が、イギリスとアメリカで起こったダイレクト・シネマなのです。そのなかから出てきたフレデリック・ワイズマンは、現在では最も優れたドキュメンタリーの作家だと評されています。

ワイズマンの最初のドキュメンタリー映画は一九六七年に作られた『チチカット・フォーリーズ』です。精神病院を題材にした作品で、精神病患者たちが演じるミュージカルを中心に精神病院の日常を描いたものです。この作品はマサチューセッツ州から訴えられたためにしばらく見ることはできませんでしたが、現在は見ることができます。彼はそれ以降も精力的に作品を発表しつづけ、ボクシングジムを題材にした作品もあります。

日本のドキュメンタリー映画

日本のドキュメンタリー映画についてここで詳しく紹介する余裕はありませんが、日本でも戦前からの長い伝統があり、優れた作品が作られてきました。代表的なものとして、亀井文夫『戦ふ兵隊』（一九三九年）、土本典昭『水俣――患者さんとその世界』（一九七一年）、小川紳介『１０００年刻みの日時計 牧野村物語』（一九八七年）、佐藤真『阿賀に生きる』（一九九二年）などがあり、現在も森達也や松江哲明、想田和弘など意欲的で優れたドキュメンタリー映画の作家たちが活動しています。

また、小川をはじめとする日本のドキュメンタリー作家の作品や書物は、翻訳されて中国やアジアに紹介され、アジアのドキュメンタリー映画の作家たちにも大きな影響を与えています。戦後日本のドキュメンタリー映画の歴史と現在については、「参考文献」に挙げている黒沢清・四方田犬彦・吉見俊哉・李鳳宇編『踏み越えるドキュメンタリー』をみてください。

プロパガンダに対して批判的であろうとした戦後のドキュメンタリー映画は、反体制に振れるあまり左翼思想の影響を強く受けました。そのために、左翼的な思想対立の影響がドキュメンタリー映画運動にみられます。日本では一九六〇年代に新左翼のドキュメンタリー映画運動が盛んになりますが、その動機の一つは反ソ連、反共産党にありました。そのなかには豊かな成果も生まれましたが、新左翼運動が衰退すると必然的にドキュメンタリー映画運動も衰退しました。

ドキュメンタリー映画は、政治との密接な関係のもとで展開してきた歴史をもっています。革命かプロパガンダかという対立は過去のものになってはいません。環境や捕鯨、銃、歴史などのいろいろな問題を見つけ出して、それを社会的に提起するというスタンスはいまでもドキュメンタリー映画の定番です。もちろんそういう傾向に批判的なドキュメンタリー作家はいますが、では啓蒙映画でなければどんなドキュメンタリー映画ができるのか。ある作家たちは個人的な歴史を語るセルフドキュメンタリーを試みたりしていますが、社会的な広がりは得られていません。現在でもドキュメンタリー映画は、物語の呪縛、啓蒙の物語の呪縛にとらわれているのです。そうした呪縛から抜け出すのは容易ではありません。

2　ドキュメンタリー映像の効果と可能性

現実であるというフレーム

ドキュメンタリー映画と劇映画の差異は、ほとんどありません。撮影・編集技法や物語構造に違いはありません。あるのは「これは現実である」という意味的フレームの差異だけです。このフレームが社会的な関心を獲得するのに絶大な効果を生みます。

「これは現実である」というフレームは、テレビでの生中継の実現によってより強化されます。「リアルタイム」であるということがあらゆる「現実」の根拠になるのです。メディア王といわれるニューズ・コーポレーションのルパート・マードックは、「大衆の心を摑むのは映画やニュースではなく、リアルタイムスポーツである。サブスクライバー（加入者）を増やすためには、その国に合わせたスポーツ番組を提供することが一番の早道である」（広瀬一郎『メディアスポーツ』）といいましたが、メディアを支配することはリアルタイムを支配することなのです。

「映像は現実を映す」という信憑は、映画最大の魔術です。ドキュメンタリーは最も巧妙に物語を語るといえます。私たちはスポーツドキュメンタリーだけでなく、スポーツニュースやスポーツ中継の客観性・公共性のなかにある物語の手法に自覚的になるべきです。

ドキュメンタリー映画の可能性

ドキュメンタリー映画が物語にとらわれているならば、そこにはもう可能性がないのでしょうか。

ここでもう一度歴史を振り返り、ドキュメンタリー映画が最初から物語にとらわれていたわけではなかったという原点に立ち返ってみるべきでしょう。そこには、むしろ物語から外れて映像を志向していたということを感じさせてくれる一群のドキュメンタリー映画があります。たとえば都市映画と称されるドキュメンタリー映画です。代表的なものにアルベルト・カバルカンティ『時の外何物もなし』（一九二六年）、ヴァルター・ルットマン『伯林――大都会交響楽』（一九二七年）、ヨリス・イベンス『雨』（一九二九年）があります。カバルカンティはパリを、ルットマンはベルリン、イベンスはアムステルダムを描きました。

こうした作品には、現実性とスペクタクル性を融合させようとした映画人の試みがみられます。一九二〇年代といえば、映像の歴史のなかでドキュメンタリー映画と並行するように、現在の私たちの目からは奇妙にみえる映像のジャンルが生まれます。いまでは実験映画と称されることが多いのですが、当時の芸術運動であるダダイズムやシュールレアリスムの影響を受けた作家たちが劇映画ではない映画の可能性を追求したジャンルです。代表的な作品にフェルナン・レジエの二四年の『バレエ・メカニック』やルイス・ブニュエルがサルバドル・ダリと共同で製作した二八年の『アンダルシアの犬』があります。

都市映画を作った作家たちは、この実験映画の試みとも交錯しながらドキュメンタリーを手がけています。ドキュメンタリーと実験映画の試みが交錯したところに生まれたのが、都市映画と呼ばれるドキュメンタリー映画であり、ドキュメンタリー映画の可能性を考えるときに大きなヒントを与えてくれるのではないかと思います。そこには、見たこともない映像や運動、世界への憧憬を見いだすことができます。たとえば、ルットマンの一九二七年の作品『伯林――大都市交響楽』の冒頭部分です。ルットマンは、アニメ作家や実験映画からの影響もみられる作家です。列車がベルリンに到着する。そこは早朝でまだ誰も目覚めていない。しかし、徐々に街に人が現れ、ベルリンの一日が始まる。この作品は、このあとベルリンの朝・昼・夜・深夜を描いていきます。

今回の講義では、ドキュメンタリー映画の系譜をみてきました。次回は、ドキュメンタリー映画の最高傑作の一つであり、スポーツ映像の起源ともいうべきリーフェンシュタールの『オリンピア』(一九三八年)を取り上げます。

参考文献

エリック・バーナウ『ドキュメンタリー映画史』安原和見訳、筑摩書房、二〇一五年

黒沢清/四方田犬彦/吉見俊哉/李鳳宇編『踏み越えるドキュメンタリー』(「日本映画は生きている」第七巻)、岩波書店、二〇一〇年

佐藤真『ドキュメンタリー映画の地平――世界を批判的に受けとめるために』上・下、凱風社、二〇〇一年

レフ・マノヴィッチ『ニューメディアの言語――デジタル時代のアート、デザイン、映画』堀潤之訳、みすず書房、二〇一三年

映像

『極北のナヌーク(*Nanook of the North*)』監督:ロバート・フラハティ、一九二二年(邦題は『極北の怪異』)

『カメラを持った男――これがロシアだ(Человек с киноаппаратом)』監督:ジガ・ヴェルトフ、一九二九年

『これがロシヤだ（Человек с киноаппаратом）』監督：ジガ・ヴェルトフ、一九二九年（邦題は『カメラを持った男』）
『意志の勝利（*Triumph des Willens*）』監督：レニ・リーフェンシュタール、一九三五年
『伯林――大都会交響楽（*Berlin, Die Sinfonie der Großstadt*）』監督：ヴァルター・ルットマン、一九二七年

講義11　『オリンピア』――スポーツ映像の起源

いわゆる映画史のなかにスポーツを主題にした映画を探すことは、私にとってあまり楽しいことではありません。正直、大した映画ではないことが多いからです。そして、スポーツファンにとってもスポーツ映画はあまり楽しいものではありません。スポーツが得意とも思えない俳優が、スポーツのことを知っているとも思えない監督の指導で演技したプレーが、人の心を動かすことなどほとんどありえないからです。

映画にとってもスポーツにとっても価値を見いだしにくい、中途半端な映画。それがスポーツ映画です。ですから、映画史のなかで周辺的な位置を占めているのも無理はありません。

スポーツを主題にした映画を数え上げていっても、そこにスポーツ映画というジャンルとしてのまとまりやある種のジャンルの規則を見いだすことはできません。スポーツを主題にした映画のほとんどは、メロドラマ、コメディー、活劇の変種です。ジャンル映画を前提にすれば、スポーツ映画はジャンル映画になることができない存在、二流三流の映画の群れでしかありません。

もちろん、この講義全体を通して試みてきたように、映画＝劇映画という先入観から離れ、〈運動としての映像〉という視角からとらえ直してみると、映像とスポーツがきわめて親和的な関係にあることがわかります。初めてカメラを手にした人々は、動くものを撮ろうとしました。初めて映像を撮ったリュミエール兄弟やエジソンたちは、数多くのスポーツの映像を残しています。カメラがスポーツに向かうのは必然です。

時がたち、映像の中心が映画を離れてテレビに移行していったとき、新たなスポーツと映像の結び付きが始まり、スポーツが強力な番組としてテレビのなかに登場してくるのは、ある意味で必然的でした。

しかし、それ以前の映像の中心が映画だった時代も、スポーツと映画の出合い方がすべて不幸だったかというと、そうではありません。奇跡的な出合い方をしたことが、歴史的に一度だけ存在します。それが今回の講義で取り上げる『オリンピア』です。

『オリンピア』は、一九三六年のベルリンオリンピックの公式記録映画です。第一部と第二部からなり、第一部が『民族の祭典』、第二部が『美の祭典』と名付けられています。この映画は、これ以降のスポーツ映像に決定的な影響を与え続けていて、現代のスポーツ映像の起源にあたるものです。今回の講義ではその映像と、それが生まれた歴史的背景についても考えてみます。

1　レニ・リーフェンシュタール

『オリンピア』の監督はレニ・リーフェンシュタールという女性です。どんな女性だったのか。まず、リーフェンシュタールという人物について紹介します。

リーフェンシュタールは、一九〇二年にドイツのベルリンで生まれました。最初は、ダンサーとして出発します。当時欧米で始まっていた新舞踊でモダンダンスの一種であるノイエ・タンツのソロのダンサーとして、二三年に二十一歳でデビューします。そして成功してドイツだけではなくヨーロッパ中から注目されるなかでツアーが始まりダンサーとしての未来が洋々と開けていた矢先に、膝をけがしてダンサーとしての未来を断たれます。途方に暮れていたとき、街で映画公開を知らせるポスターに出合います。リーフェンシュタールはそのポスター

図11-1　『死の銀嶺』
（出典：DVD ビデオ『死の銀嶺』アイ・ヴィー・シー、2007年）

に魅せられ、その映画の監督のもとに押しかけます。その監督がアーノルド・ファンクでした。

ファンクは、一九二〇年に『スキーの驚異』というドキュメンタリー映画でデビューします。映画のスタッフには、近代アルペンスキーの父といわれるハンネス・シュナイダーをはじめとして世界トップレベルのスキーヤーや登山家がいました。山の崇高美と超越的なスキー技術、登山技術を映像化するドキュメンタリー志向が強い独自の映画監督でした。この当時のドイツで流行していた山岳映画の第一人者とされています。

ちなみにファンクの僚友だったシュナイダーは、戦前に日本にも来てスキーの技術を教えています。長野県の菅平高原にシュナイダー・ゲレンデという場所がありますが、それはこのときのことを記念したものです。一方でファンクも、一九三七年に原節子主演の日独合作映画『新しき土』を撮っています。

女優としてのリーフェンシュタール

映画の世界に飛び込んだリーフェンシュタールは、一九二六年にファンク監督の『聖山』で主演として映画デビューを果たします。このあと、二七年の『大いなる跳躍』、二九年の『死の銀嶺』、三〇年の『モンブランの嵐』、三一年の『白銀の乱舞』とファンク監督のもとで映画出演を続けます。このころのリーフェンシュタールの映像として、二九年の『死の銀嶺』を取り上げてみましょう。

この映画はアルプスが舞台です。新婚夫婦が冬山登山にきました。この夫婦をガイドとして案内するのが博士と呼ばれる、山で妻を亡くした過去をもつ男性です。三人で登っていくうちに、ガイドと妻がいい雰囲気になり、それに夫が気づいてしまいます。この微妙な雰囲気のまま登山が続くのですが、この妻を演じているのがリーフェンシュタールです。この三人よりも先に登っている学生たちの一人が足を滑らせて起こった小さな雪崩が、リーフェンシュタールたちの横をかすめていきます。こうした危険な状況下でリーフェンシュタールの夫は突然、ガイドの忠告をさえぎり自分が先頭に立つと言いだして歩き始めますが、その矢先に二つ目の雪崩が発生して巻き込まれてしまいます。

滑落した夫をガイドが救出するのですが、ガイドが夫を背負いながら垂直の氷の壁を上がってくる間、リーフェンシュタールは二人の男性の命綱である一本のロープを握りしめ、さらに肩から背中に巻き付けて支え続けます（図11―1）。リーフェンシュタールが演じたのはか弱い新妻ではありません。アスリートとしての身体をもつ女性です。このようにリーフェンシュタールは、ファンク監督の山岳映画に出演し、被写体になる経験を積んでいたのです。

映画監督としての歩み

リーフェンシュタールは、映画出演を続けると同時に映画作りも学び、一九三二年に『青の光』で監督としてデビューします。この初作品『青の光』がベネチア映画祭の銀賞を獲得して一躍注目を浴び、ナチスとの接触が始まります。この年に彼女は初めてヒトラーに会い、翌三三年にはナチス党大会映画の芸術監督に就任し、ここから党大会三部作を撮ります。三三年の『信念の勝利』、三五年の『意志の勝利』と『自由の日』です。これらはナチの党員でもない女性が党大会の記録映画を撮るという異例の作品であり、ナチの映画部では女性であることへの抵抗が強かったのですが、彼女は作品の力でそれらに打ち勝ちます。なかでも三四年に開かれたニュルンベルク党大会の記録映画である『意志の勝利』は傑作として有名で、ナチスのイメージを作り上げ決定づけました。この作品は講義10でも紹介しましたが、ベネチア映画祭で最優秀ドキュメンタリー映画賞を得ています。

その後、リーフェンシュタールは、一九三六年のベルリンオリンピックの記録映画作りに没頭し、二年がかりでこれを完成させます。それが『オリンピア』です。『オリンピア』はベネチア映画祭で最優秀作品賞を獲得し、リーフェンシュタールはアメリカでの上映のために意気揚々と出かけますが、アメリカの映画界はユダヤ資本の力が強く反ナチスでしたので上映ボイコットに遭います。このとき、ただ一人リーフェンシュタールに接触してきたのがウォルト・ディズニーで、当時製作中の『ファンタジア』(監督:ベン・シャープスティーン、一九四〇年)を見せてもらったというエピソードが残っています。

戦後の逆境と再出発

第二次世界大戦後、リーフェンシュタールは逆境に置かれます。連合軍に逮捕され、刑務所や精神病院に収容されます。一九四八年からは、何度も非ナチ化審査機関でナチスに協力したかどうかを審査されます。そしてすべての審査で「該当せず」、無罪の評価を受け、このあとのナチス協力や戦争協力に関する何十もの裁判に関わり、すべてで無罪を獲得します。

この時期、リーフェンシュタールはアフリカに旅行し、そこでスーダンのヌバ族に出会い、その感動から写真を撮り始めます。一九六〇年代には何度もアフリカ旅行を敢行してヌバ族との交流を深め、ヌバ族の写真を撮り続けます。そして写真家としても活動しはじめ、七二年のミュンヘンオリンピックでは「サンデー・タイムズ」の写真家として働きます。七三年に初めての写真集『ヌバ』を出版し、ドイツのアートディレクタークラブから最優秀写真賞を授与されます。さらに七六年には二冊目の写真集『カウ・ヌバ』を出版します。

しかし、自らの力でヌバ族を世界に知らせたことで、ヌバ族が観光化してしまいます。Tシャツを着たりハンバーガーを食べたりという文明化が進み、その姿に失望したリーフェンシュタールはアフリカを去り、文明化されない美を求めて海中の世界に進みます。当時七十歳を超えていましたが、五十歳であると年齢を詐称して潜水試験に合格し、本格的に水中写真家としての活動を開始します。一九七六年に初めての水中写真集『珊瑚の庭』を出版。九〇年には二冊目の水中写真集『水中の驚異』を出版し、写真界で権威があるコダック賞を受賞します。さらに二〇〇二年には、水中記録映画『水中の印象』を製作・公開しました。

また、一九八七年には自伝『回想』を出版し、九三年にはレイ・ミュラー監督による自伝的映画『レニ』が公開されています。二〇〇三年に逝去。百一歳の人生でした。

2　『オリンピア』の映画史的意義

ベルリンオリンピックの開催とドイツ映画界の総動員

『オリンピア』はベルリンオリンピック、正式には第十一回オリンピック・ベルリン大会の公式記録映画です。現在では、オリンピックの開催ごとに公式記録映画が撮られることになっています。『オリンピア』の出来があまりにもよかったために、これ以降公式記録映画を撮るようになったのです。

ベルリンオリンピックは、オリンピックの歴史のなかでも特筆すべき大会です。ナショナリズムが前面に出た初めての大会になったからです。当初ナチスはスポーツそのものに否定的で、国際大会に消極的でした。スポーツは資本主義の文化であり、偉大なるドイツ精神を養うものとは認めていなかったからです。当時は3Sといって、三つのSが国民文化を退廃させるとまことしやかにささやかれていました。三つのSとは、セックス、スポーツ、スクリーンです。性とスポーツと映画が若者を堕落させる。批判精神を失わせ、健全な国民文化の育成を阻む。それは資本主義の先兵だ、ユダヤの陰謀だ、という雰囲気があったのです。

これに対して、オリンピックの政治的価値に注目した勢力が、ナチスをその政治利用に導き、ベルリン大会をナチ・オリンピックにしていきました。その政治的価値とは、いうまでもなく対外的には、ナチス・ドイツの国際的認知です。そして国内的には、国民の動員すなわち余暇の組織化を通じて大衆動員をかけ、ナチスの勢力を強固にすることです。

ベルリンオリンピックは、メディアオリンピックとしても画期的でした。当時、メディアの中心になったのはラジオでした。ヨーロッパ大陸向けの有線中継をはじめとする放送網の提供や録音装置の運用など、ナチスの全面的な支援によって実況中継が実現し、世界三十七カ国に向かって放送されました。日本からも三人のアナウンサーが派遣され、女子二百メートル平泳ぎで前畑秀子が日本人女性初の金メダルを獲得し、日本中を熱狂させた歴史的に有名な「前畑頑張れ！」の放送がなされたのも、このベルリンオリンピックでした。会場の周辺では、テレビ放送も史上初めて試みられました。

そしてリーフェンシュタールの先導によってドイツ映画界が総動員されるのも、このベルリンオリンピックです。当時のドイツ映画界は、世界最高水準にありました。現在の私たちがイメージするのは難しいのですが、アメリカ以外の国での映画作りが細々としたものだったわけではありません。第一次世界大戦の打撃から脱したフランスやイタリア、ドイツなどのヨーロッパ諸国では、アメリカと同等かあるいはそれを凌駕する映画産業の発展がありました。また、ソ連も日本も、それに匹敵する映画産業をもっていました。各国が帝国的な威信をかけて映画産業を育成していたのです。

ドイツでは、映画会社ウーファを中心とするドイツ映画界が、リーフェンシュタールの『オリンピア』に全面協力します。新たにカタパルトカメラ（トラックと平行にレールを移動する無人カメラ）のような撮影技術が開発され、水中カメラや飛行船からの空中カメラにも改良が加えられ、また、当時の最大の望遠カメラやスローモーション用の高速度カメラも最高水準のものが開発されました。『オリンピア』は、これらを駆使した映像を満載した作品になりました。

映画の歴史を振り返ると、国家的援助を受けた作品は失敗するのが常です。いろいろなところから声がかかり、監督が制御不能になるのです。『オリンピア』の特異なところは制御不能にならなかったことです。その秘密は編集過程にあります。リーフェンシュタールは、大会期間中に撮影した四万メートルに及ぶフィルムを二年かけてほぼ一人で編集したのです。前作の『意志の勝利』でさえ、撮影から公開まで半年かかっています。ゲッベルスから始終、矢のような催促がきたそうですが、それに屈することはなかったといわれています。

図11-2　『民族の祭典』
（出典：DVD ビデオ『民族の祭典』アイ・ヴィー・シー、2009年）

『オリンピア』の特徴

『オリンピア』の思想的特徴は、何よりもドイツロマン主義の正統な継承者の位置にあることです。ドイツロマン主義とは、反資本主義・反都市文明の文化運動です。当時、ドイツロマン主義の影響を受けた文化運動は、ワンダーフォーゲルやヌーディズム運動などドイツ国内で盛んに展開されていました。リーフェンシュタールの出発点だった舞踊ノイエ・タンツも、ファンクが協力したアルペンスキーや登山活動も、ドイツロマン主義の強い思想的影響下にありました。リーフェンシュタール自身も、ドイツロマン主義の正統な継承者であることを公言しています。ファンクやリーフェンシュタールの映像が崇高美学と評されるのも、ドイツロマン主義の思想的影響によるものです。

図11-3 『美の祭典』
（出典：DVD ビデオ『美の祭典』アイ・ヴィー・シー、2009年）

では、『オリンピア』の映像的特徴は何か。それは、ドキュメンタリー映画の極北であり、プロパガンダ映画の代表作品であることです。映画批評家たちは、『オリンピア』のなかに典型的なナチスのイメージを発見しました（図11―2）。ジークフリート・クラカウアーやスーザン・ソンタグなどの映画批評家は、リーフェンシュタールの『オリンピア』をファシズムの美学と評しています。ちなみに彼らは、先にみたファンクの山岳映画も一緒くたにファシズムの美学のなかに入れてしまいます。

『オリンピア』の映像的な特徴としてもう一つ挙げられるのは、そのスペクタクル性です（図11―3）。リーフェンシュタール自身がドイツのフリッツ・ラング、フランスのガンス、ソ連のエイゼンシュテインへの共感を示していて、彼らのようなスペクタクルな視覚的映像を探求していく作家の系譜に彼女を位置づけることができます。この点で、同時代に同じくスペクタクルな映像を探求していたバークレーの映像的試みとも共鳴します。

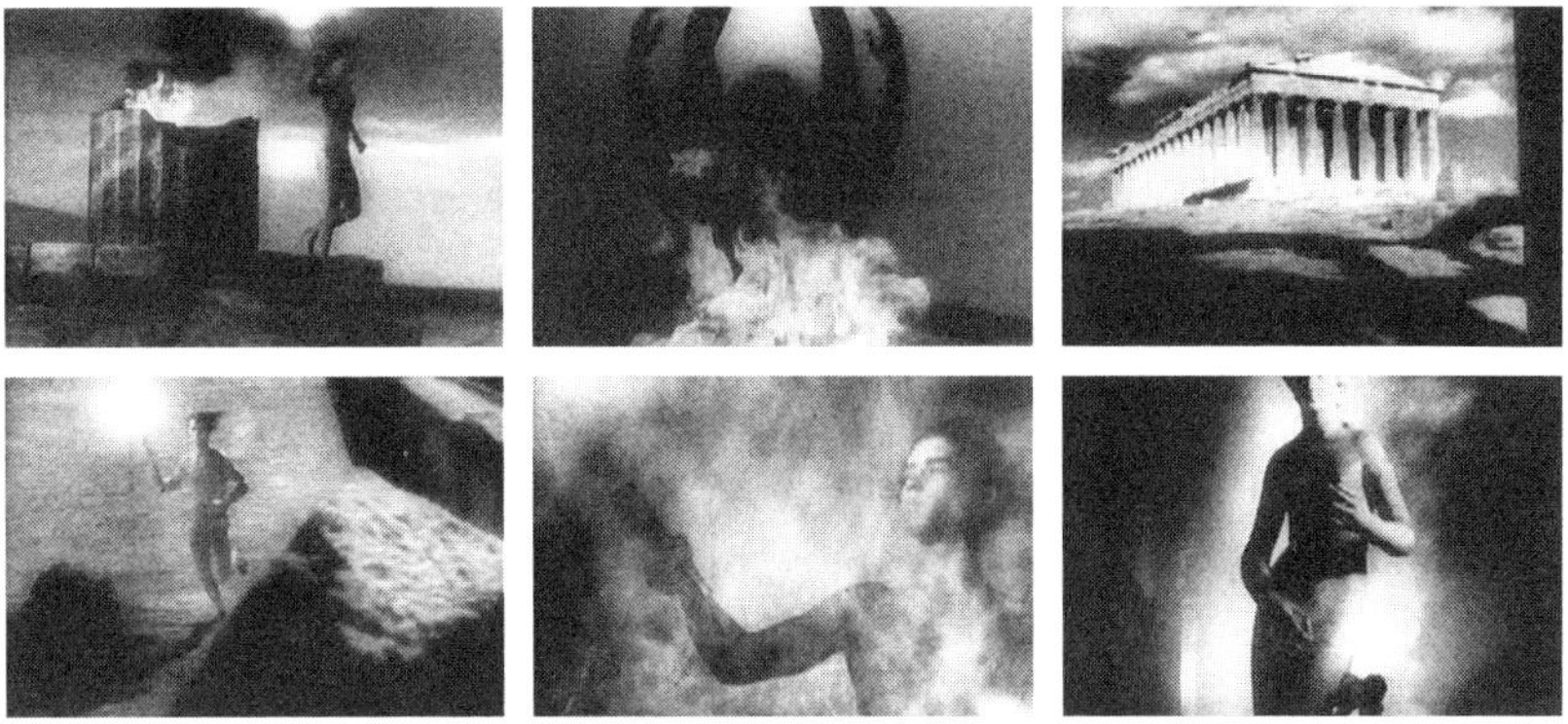
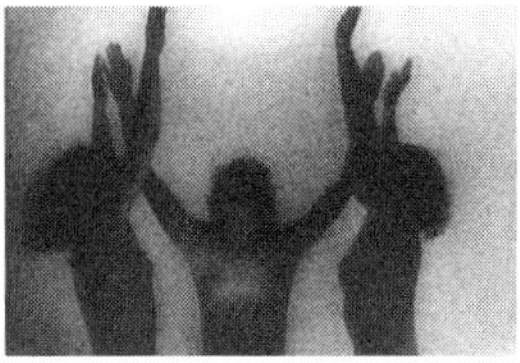

図11-4 『民族の祭典』
（出典：前掲『民族の祭典』）

このスペクタクルな映像はその後、世界のポップカルチャーに影響を与えていきます。ミック・ジャガーやデビッド・ボウイがリーフェンシュタールのファンであることは知られていますが、日本でも一九八〇年代に石岡瑛子によって大々的に紹介され、パルコの広告戦略や西武資本を通じて大きな影響を与えました。

3 『オリンピア』のスポーツにとっての意義

『オリンピア』のスポーツにとっての第一の意義は、スポーツが神話の映像化を媒介する役割を果たした点にあります。ギリシャとドイツは血で結ばれているというナチス神話です。現在のギリシャはトルコに長く支配され血が汚れているが、ギリシャの美しい血はドイツのなかに受け継がれているというナチス神話を映像化したのです。そしてそれを媒介する役割をスポーツに与えました。スポーツとナショナリズムをイメージ上で再結合させた試みといえます。それがよく表れているのは、第一部『民族の祭典』の冒頭から開会式までの部分です（図11―4）。

第二の意義は、身体美をスポーツのなかに発見し、身体が美しいという思想を強固なものにしたことです。キリスト教の伝統のなかでは、身体は汚いもの、罪にあふれたものという考えが主流でした。社会史の研究が示しているように、十九世紀まで欧米では日常的に入浴する習慣がなく、生まれてから一度も入浴しない人もざらでした。しかし、二十世紀になってから変化が起きます。上下水道が都市に行き渡るようになり、医学が進歩し、衛生思想が普及したことがその背景にあります。そして身体が美しいという思想が生まれ、さらにスポーツすることで身体美が生まれる、男性も女性も、白人も黒人も黄色人種も、スポーツすることで美しくなるという思想が生まれます。それを映像化したのが『オリンピア』の二番目の意義といえます。

そして第三の意義は、スペクタクルとしてのスポーツを発見したことです。のちに広く使われるようになるクローズアップやスローモーションがここでは多用されています（図11—5、図11—6）。編集へのこだわりや音楽の主導的な役割も『オリンピア』の特徴です。現在のテレビのスポーツ映像で多用される映像技術のほとんどがここで発明されています。このように『オリンピア』はスポーツとスペクタクルの関係を発見した映画といえま

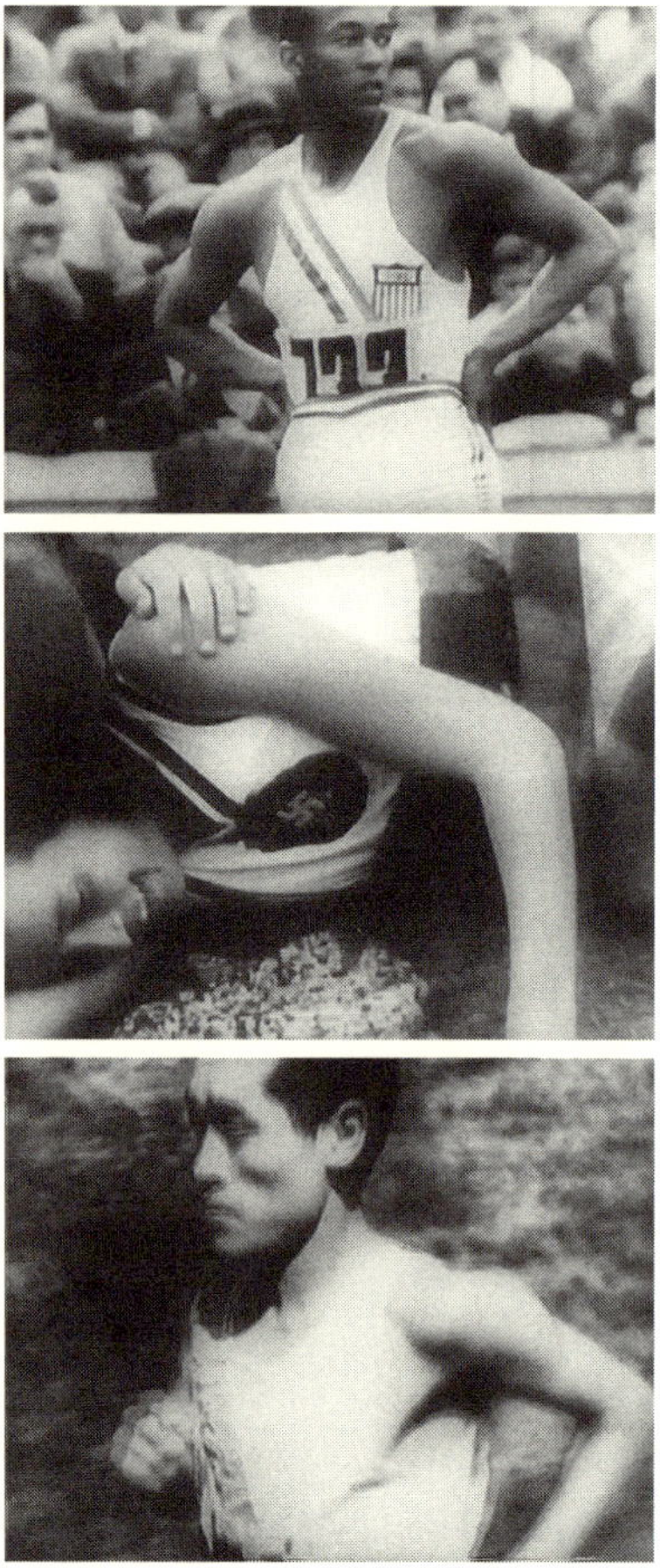
図11-5 『民族の祭典』
（出典：前掲『民族の祭典』）

す。
『オリンピア』は、映画が政治に最も近づいたときに生まれた映画であり、映画史上まれなほど膨大な資金・人員・技術を動員して、しかも成功してしまった奇跡的な作品なのです。

リーフェンシュタール的なものとの対決

現在のスポーツ映像のなかには、『オリンピア』で発見された撮影技術を含む歴史的な遺産が凝縮されていま す。したがって、スポーツ映像について語るときは、リーフェンシュタール的なものとどのように対決するかということも、一つの重要な課題になります。

リーフェンシュタールの芸術性に心酔する人もいます。ナチ協力者としての側面にこだわり、ファシストの美学と批判して全否定する人もいます。リーフェンシュタールの作品は、現在でも評価が定まらない、問題を含んだものであることは間違いありません。ですが、その歴史的影響力の大きさを考えれば、『オリンピア』と真摯に対決することで新しいスポーツ映像の地平が開かれることも間違いありません。

図11-6 『美の祭典』
(出典：前掲『美の祭典』)

次回の講義では、『オリンピア』と同様にオリンピックの公式記録映画である市川崑の『東京オリンピック』(一九六五年)を取り上げてみることにします。

参考文献

瀬川裕司『美の魔力――レーニ・リーフェンシュタールの真実』パンドラ、二〇〇一年
ライナー・ローター『レーニ・リーフェンシュタール――美の誘惑者』瀬川裕司訳、青土社、二〇〇二年

映像

『死の銀嶺（*Die weiße Hölle vom Piz Palü*）』監督：G・W・パブスト／アーノルド・ファンク、一九二九年
『オリンピア（*Olympia*）』監督：レニ・リーフェンシュタール、一九三八年（第一部『民族の祭典（*Fest der Völker*）』、第二部『美の祭典（*Fest der Schönheit*）』）

講義12　『東京オリンピック』の可能性

前回は、現在のスポーツ映像の起源になっているリーフェンシュタールの『オリンピア』を取り上げました。今回の講義では、市川崑の『東京オリンピック』についてみていきます。

『東京オリンピック』は、一九六四年の東京オリンピックの公式記録映画です。公式記録映画は、リーフェンシュタールの『オリンピア』以降、国際オリンピック委員会（ＩＯＣ）が製作を義務化し、すべてのオリンピックで製作されるようになりました。ただ、それらのなかでも市川の『東京オリンピック』は大変ユニークな位置を占めています。

第一にこの映画は、劇場公開された一九六五年から二〇〇一年までの間、日本で最も多くの人が見た映画だったことです。この映画は、千八百五万人もの人が見ました。その後も、オリンピックの開催にちなんでたびたびテレビでも放送され、最も多くの日本人が見た映画であり続けました。〇一年夏に公開された『千と千尋の神隠し』（監督：宮崎駿）に抜かれるまで、観客動員数が日本で第一位だったのです。ほかのオリンピック公式記録映画のほとんどが製作されたものの一般公開されなかったり、公開されてもほとんど観客が入らなかったなかで、特別な存在だといえます。

第二に、その芸術性がとても注目されました。この映画の試写会のあとには、日本で「芸術か記録か」という大論争が起こりました。これは、この作品が当時の一般的なドキュメンタリー映画の感覚とはかけ離れていたことを示しています。いわゆるスポーツ映画のなかでは、リーフェンシュタールの『オリンピア』が最も高く評価されていますが、それに次ぐ評価を世界的に得ているといっていい映画です。海外の大学で使われている映像の研究書や教科書のなかでも、『オリンピア』と並んで市川の『東京オリンピック』が扱われています。そのような高い評価を得ている映画なのです。

映画監督の北野武も『東京オリンピック』に影響を受けたことを公言していますが、市川の映画作りに影響を受けた映画人は少なくありません。当時のフランスのヌーベルバーグの映画作家たちのなかにも、フランソワ・トリュフォーをはじめ市川のファンを自任する作家が多くいました。ヌーベルバーグの代表的な作家ゴダールは、自分の作品のワンシーンに市川の一九五九年の作品『野火』のポスターを出しています。また、六一年の作品『黒い十人の女』に対するカルト的な人気は長く続いていて、近年リメイクもされました。そして七六年の『犬神家の一族』の特徴的な明朝体でのL字形のタイポグラフィーは、その後アニメ『エヴァンゲリオン』をはじめ多く模倣されています。

作家の三島由紀夫も、市川のファンであることを公言していました。また、映画監督の岩井俊二は、ドキュメンタリー映画の『市川崑物語』を二〇〇六年に撮っています。その一方で、市川を全く評価しない映画批評家も厳然と存在しています。日本を代表する世界的な映画批評家の蓮實重彥は市川を全く評価していません。

1 映画監督・市川崑

市川崑の経歴について手短に紹介しましょう。市川は一九一五年に三重県に生まれ、早くに父を亡くし、母親と三人の姉のもとで育ちます。病弱で家で絵ばかり描いていた子ども時代だったそうです。三三年、十八歳のときに、親類のつてで京都のＪ・Ｏ・スタジオ（のちの東宝）のトーキー漫画部に入ります。そこで「ミッキーマウス」や「シリー・シンフォニー」などのアメリカのアニメシリーズのフィルムを一コマ一コマ分析して映画作りを学んでいき、三六年にはほとんど一人で『新説カチカチ山』という短篇アニメを作り上げます。しかし、会社の漫画部が閉鎖になったため、市川は実写部に移ります。

一九四八年の『花ひらく 眞知子より』で本格的な監督デビュー。その後、毎年着実に製作を続け、五六年の『ビルマの竪琴』でアカデミー賞外国映画賞にノミネートされ注目されます。そして六〇年の『おとうと』、六二年の『私は二歳』が「キネマ旬報」ベストテンの一位を獲得し、人気と実力ともに日本のトップクラスの映画監督と見なされるようになります。

こうして一九六四年に『東京オリンピック』の総監督に就任し、この映画を日本映画最大のヒット作にします。その後、日本映画産業の衰退とともにしばらく映画製作から離れますが、時代劇『股旅』（一九七三年）の資金作りのためにテレビの時代劇シリーズ「木枯し紋次郎」（一九七二―七三年）の演出に関わり、これが視聴率三〇パーセントを超える大ヒット作になります。また、数多くのテレビコマーシャルの監督も手がけます。そして七六年、角川書店が参入した第一回作品『犬神家の一族』を七十歳のときに監督して映画界に大きな影響を与え、このあとも大作を発表しつづけ、二〇〇八年に没します。

市川は、東京オリンピックの前年の一九六三年に『雪之丞変化』という作品を撮っています。三五年に衣笠貞之助が監督した『雪之丞変化』のリメイクで、市川の最初の時代劇です。この作品を見れば、彼がなぜこの時期に人気と実力ともに日本トップクラスの映画監督と見なされるようになったのかがよくわかります。『雪之丞変化』は家族を殺された歌舞伎の女形の復讐劇ですが、映像のスタイルが傑出しています。ＢＧＭにジャズを用いたことや構図・照明・編集の斬新さと奇抜さなど、モダニストといわれた市川のスタイルが強烈に印象に残る作品です。

『東京オリンピック』は当初、黒澤明が監督する予定でした。日本を代表する活劇の監督であり、黒澤本人もスポーツが大好きだったためにこの仕事には最初から乗り気で、一九六〇年のローマオリンピックのときも現地に赴いてローマオリンピックの公式記録映画の監督とも会うなど着々と準備を進めていました。しかし、金銭的な問題が大きな理由だったとされていますが、東京オリンピック開催の前年に黒澤は総監督を降板します。オリンピック委員会は慌てて何人もの監督に当たるものの断られ、開催年である六四年になってやっと市川に声をかけたのです。

病弱だったことは先にも紹介しましたが、スポーツに無縁でほとんど関心がなかった市川がオリンピックの公式記録映画の監督になり、歴史に残るスポーツ映像を作り出したことは皮肉といえるかもしれません。

2　日本にとっての東京オリンピック——国家の威信をかけたイベント

『東京オリンピック』の冒頭で市川は、太陽が鉄球に変わり、ビルを破壊するシーンを映し出します（図12—1）。衝撃的なシーンですが、これは戦後日本の巨大な変化を象徴しています。

当時の日本は、一九五五年から七三年まで続いた高度経済成長のまっただなかにありました。毎年一〇パーセントを超える経済成長を続けていて、東京オリンピックが開催された六四年にはＯＥＣＤ（経済協力開発機構）に加盟し、六八年にはドイツを抜いてアメリカに次ぐ世界第二位の経済大国になります。日本が農業国から工業国に転換したのが高度経済成長の時代でした。歴史家の網野善彦は、高度成長期を十三世紀後半から十五世紀の転換期に匹敵する日本社会に大きな変化が起こった時期だと述べています。

第一次産業に従事していた人々が、大量に第二次・第三次産業に移動します。それによって人口の大移動が起こり、大都市が巨大化して郊外が拡大します。郊外には団地が現れ、２ＬＤＫなどの団地の居住空間がこれ以降の日本の住居のスタンダードになっていきます。

そして一九五八年には高さ世界一の東京タワーが完成します。このころは日本の風景が根底から変化していった時代でもありました。海は埋め立てられてコンビナートが立ち並び、風景が一変します。自動車が普及し、道路の舗装が進み、川にはふたがされます。東京都にもオリンピック道路として環状七号線（環七）が整備されます。六二年からは首都高速道路が順次開通しはじめ、翌年には日本初の都市間高速道路の名神高速道路が、東京オリンピック開幕の九日前の六四年十月一日には東京・新大阪間の新幹線が開通します。戦後初めて海外旅行が自由化されたのも六四年でした。

第二次・第三次産業に就職するために教育の重要性が認識され、高校進学率は一九五五年の時点で五〇パーセント程度だったのが、七四年には九〇パーセントを超えます。大学進学率も五五年の一〇パーセント程度から、七四年には三五パーセントを超えます。

図12-1 『東京オリンピック』
（出典：DVD ビデオ『東京オリンピック』東宝、2015年）

生活の都市化も進展していきます。それまでは衣食住も基本的には自給自足に近く、食べ物も衣服も家庭で作り、住まいでさえ、親類あるいは村が共同で作るものでした。しかし、高度経済成長はそうしたあり方を転換させ、食べ物や着る物はお金を出して買うように、住居は何十年ものローンを組んで買うようになります。

家には電化製品がそろえられ、各家庭に電気を供給するためにダムや発電所が各地に建設され、電柱が都会に乱立していきます。テレビの普及率も、一九六〇年に四五パーセント、六四年には八三パーセントに達します。ほとんどの家庭にテレビが行き渡り、人々はテレビを通じて東京オリンピックを見ることになります。

このように、明治時代の第一の近代化に続く戦後の第二の近代化を成し遂げていた、日本の国の姿そのものが変わっていった時代の最中に東京オリンピックは開催されたのです。そして東京オリンピックの開催は、日本が敗戦と荒廃のなかから立ち直って高度経済成長を遂げ、国際社会に復帰したことを国内外にアピールするシンボルとしての役割をもちました。つまり東京オリンピックは、単なるスポーツの国際大会ではなく、日本の威信をかけた国家的イベントになったのです。

そして結果からいうと、東京オリンピックは成功しました。大会期間中、ほとんど何の問題もなく運営でき、オリンピック関係者や世界のメディアからも高い評価を得ることができました。また、日本の選手も予想以上の成績を収め、スポーツに対する国民の関心も非常に高まりました。たとえばバレーボールは東京オリンピックで初めて採用された新競技だったのですが、東洋の魔女と呼ばれた日本の女子チームが勝ち進み、ソ連との対戦になった決勝戦は、テレビ視聴率が六六・八パーセント（ＮＨＫと民放の合計は八五パーセント）に達し、国民を熱狂させました。これはいまでも日本のテレビ視聴率の歴代第二位の数字です（第一位は一九六三年の『第一回ＮＨＫ紅白歌合戦』の八一・四パーセント）。そして彼女らの活躍が、バレーボールが学校や職場などの地域で爆発的に普及していく大きなきっかけになりました。

3　記録映画への期待 vs. 市川崑の映画作り

日本の威信をかけた国家的イベントになり、成功裏に終わった東京オリンピック。当然ながら、その公式記録映画に対しても、こうした東京オリンピックの意義や成功体験を刻み込むことが期待されました。アジア初のオリンピックを立派に成功させた日本という国ないしは日本人を露骨なやり方ではなくてもたたえて、自尊心を満たすことが期待されていたことは当然でしょう。ではその期待に市川は応えたのでしょうか。

市川映画の性格

市川の映画作りの性格からもう一度確認していきましょう。春日太一は、市川の映画に共通する性格をいくつか挙げています。

一つは、作品に出てくる人物像です。市川の作品にはたくましくて健康な男性はほとんど出てきません。内気で不健康かひょうひょうとしている男性で、熱い友情とか正義感を表に出すことが決してないタイプです。これに対して、女性は強くてたくましくバイタリティーにあふれている。強い女と弱い男が市川の作品に共通する人物像で、それによって物語が生まれます。

二つ目は、アニメ的な映画作りです。市川の映画作りの出発点はアニメです。ですからのちの実写の映画にも、アニメ的な作品作りの性格が影響しています。たとえば映画とは動くものを撮るものではなく、一枚一枚の絵をつなぎ合わせて作るものだという発想が市川にはあります。最初の絵コンテを厳守するやり方もアニメ的です。現場の状況や俳優の反応に従って演出を変えることは全くなく、自分が最初に描いた絵に従って映画を作っていく。最初に絵があるわけです。また、市川の色に関するこだわりもアニメから生まれたものです。

そして三つ目の性格は、クールな人物描写です。市川は、高揚する場面でも感情を強調して観客に感情移入させるのではなく、逆に突き放してクールに描きます。観客に感情移入をさせません。市川は特に日本的な情感の世界に批判的でした。感情だけでなく、日本的な空間に対しても批判的でした。ですから初期の市川の映画は、都会的で近代的なモダニストの映画と評されていました。市川が愛した監督に、エルンスト・ルビッチという都会的コメディーの名監督がいますが、市川の映画に対するルビッチの影響を強調する人もいます。

市川を論じるとき、脚本家の和田夏十を無視することはできません。夏十は「なっと」と読みます。本名は市川由美子で市川の妻です。長く市川の映画の脚本を書き、市川映画を支えてきました。『東京オリンピック』の脚本にも参加しています。市川映画がもつ性格の一つの強い女とクールな人物像を描くところは、和田の力に負うところが大きいといわれています。和田は一九八三年に亡くなりますが、それ以降の晩年の市川の作品の評価が低いのは、和田がいないためだと評する人もいます。

クールなまなざし

市川は、こうした映画作りの性格をオリンピックの公式記録映画『東京オリンピック』でも貫いたのでしょうか。あるいは期待に応えて、東京オリンピックの意義や成功体験を映像化し、日本人の自尊心を満たしたのでしょうか。

その答えはすぐに明らかになります。『東京オリンピック』が完成したのは、東京オリンピック開催の翌年である一九六五年二月二十八日。試写会がおこなわれたのは三月十日でしたが、この映画を見たオリンピック担当大臣・河野一郎が、「芸術性を強調するあまり、正しく記録されているとは思われない。オリンピック担当大臣としては、これを記録映画として残すことは適当ではない」と批判したのです。河野という政治家は、過去に自民党総裁選に立候補した河野太郎の祖父にあたりますが、当時は副総理でもあり、大変な実力者でした。そんな政治家からの批判は、「芸術か記録か」の大論争を呼び起こします。そして河野は、記録性を重視したオリンピック映画をもう一本作ると言い始め、作業に着手します。文部大臣の愛知揆一も、市川の『東京オリンピック』を記録映画として推薦できないと言いだします。

こうした批判のなかで市川は、試写会に出したものに日本人金メダリストやオリンピック建造物の映像を追加して公開版の映画として完成させ、試写会から数えてわずか十日後の三月二十日に『東京オリンピック』を劇場公開します。そしてこれが千八百五万人もの観客を動員する空前のヒット作になります。

その一方で、『東京オリンピック』をめぐる「芸術か記録か」という論争は長く続いていきます。河野という政治家だけではなく多くの日本人が期待したものも、日本選手と日本をたたえる記録映画だったといっていいでしょう。しかし、市川が完成させた映画に貫かれているのは、そういう仲間内の情愛や日本的な情感の世界に対する冷ややかなまなざしでした。たとえば日本中が熱狂した女子バレーボールの決勝です。優勝が決まった瞬間の映像は、選手たちから離れて所在なげに一人座り込んでいる大松博文監督の姿を、重苦しいBGMとともにずっと映し出すというものです(図12—2)。

スポーツに感動させようという姿勢ではなく、クールなまなざしでスポーツが描かれている。そこに、この映画が記録映画ではない、ドキュメンタリー映画ではないと批判された要因があります。

映画作りの手法

図12-2 『東京オリンピック』
(出典:同 DVD ビデオ)

しかし、「芸術的すぎる」と批判された要因を市川の映画作りの性格であるクールさだけに求めることは適切ではありません。彼の映画作りの手法にも要因があると思われます。

市川は、この映画を引き受けたとき、最初にこの映画のシナリオを書きました。市川と和田、そして詩人の谷川俊太郎、脚本家の白坂依志夫の四人で脚本を完成させてから映画作りに着手します。これは通常のドキュメンタリー映画とは全く異なる作り方です。まだオリンピックが始まっていない、何が起こるかわからないのに脚本を完成させてしまう。しかも四人ともスポーツについては素人です。

リーフェンシュタールが『オリンピア』の完成に二年もかかったのに対して、市川はオリンピックが終わってから四カ月あまりで、二時間五十分という長篇のドキュメンタリー映画を完成させます。その速さは、最初に脚本が完成し、絵コンテも完全にできあがっていて、それに沿ってカメラを回したためです。

そのような特殊な映画作りの手法やクールなまなざしにもかかわらず、この映画は大成功し、スポーツ映像に大きな影響を与えました。その成功の要因は何だったのでしょうか。それを考えるためには、『東京オリンピック』が置かれていた映像環境をもう一度確認しておく必要があります。

4 『東京オリンピック』の戦略とスポーツ映像の可能性

映像環境という点で『東京オリンピック』は、リーフェンシュタールの『オリンピア』をはじめとするほかのオリンピック公式記録映画と決定的に違っていました。その一つは、テレビ中継の放送技術が飛躍的に進歩していたことです。一九六〇年のローマオリンピックのテレビ中継で録画機（ＶＴＲ）が初めて使用されるようになり、六四年の東京オリンピックでは衛星中継による大陸を超えた映像の生中継が初めて実現し、スローモーションＶＴＲも開発され、ヘリコプターや移動中継車を使ったマラソンの完全生中継も実現しました。

また、先ほど紹介したように、日本のテレビ普及率が飛躍的に上昇し、東京オリンピックの開催時には八三パーセントに達していました。ほとんどの家庭にテレビが行き渡り、人々はテレビを通じてオリンピックを見たのです。

これらはオリンピック史上初めてのことでした。『東京オリンピック』は、このような新たな映像環境のもとで製作されたのです。それまでの記録映画は、競技結果は知っているがその映像を視聴していないという観客のために製作されたものです。しかし、テレビ中継の視聴が観客の経験を一変させました。すでに映像を視聴している観客を相手にした記録映画を製作しなければならなくなったのです。

たとえば東京オリンピックの女子バレーボールの金メダル獲得の瞬間。その興奮を映像で表現することは、もちろん可能です。多くの人々が固唾をのんで見つめていたテレビ映像を組み込めば効果も上がるでしょう。しかしそれでも、あのときと同じ感動を味わうことはできません。競技結果も映像も既知のものだからです。では市川は、どういう戦略を用いたのでしょうか。

『東京オリンピック』の戦略

一つ目は、勝者の世界（図12―3）だけではなく、敗者などの幅広い参加選手に目を向け、そこに豊かな映像や物語があるのを示すことです（図12―4）。テレビは勝者だけを記録し映像化します。勝者をたたえてきたテレビ映像に対して、『東京オリンピック』は華やかさだけではない、たとえば勝者がもつ孤独な世界を映し出し

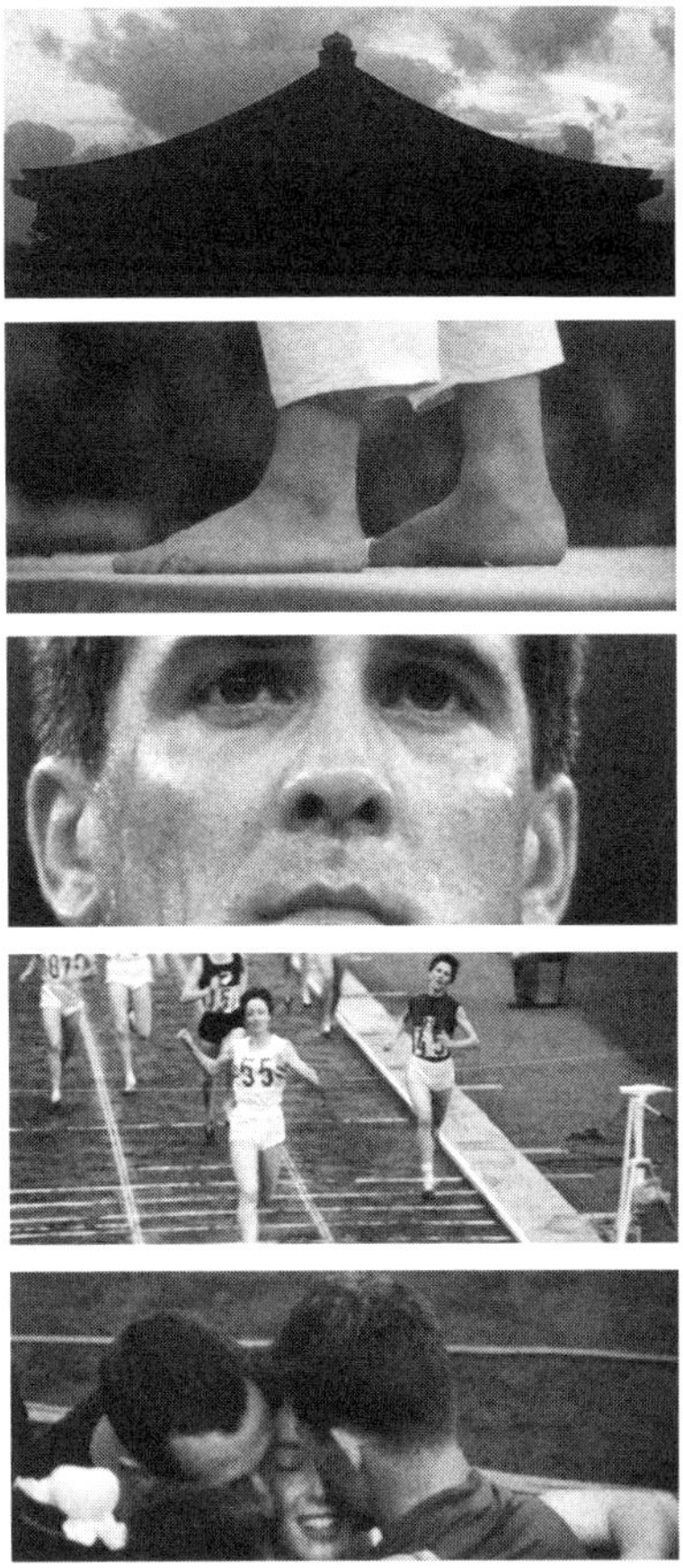

図12-3　『東京オリンピック』
（出典：同 DVD ビデオ）

ます（前掲図12―2）。これは、勝者か敗者かという視線でスポーツを見ないことにつながります。オリンピックに初めて参加したアフリカのチャド共和国の選手を追った映像もその一つです（図12―5）。

また、選手が投げたハンマーを雨のなかで回収するなど競技を裏方として支えている人々も参加者として描き、さらに競技会場に集まった観客の姿を映し出します。たとえば押し寄せた群衆のなかで足を踏まれて「痛い痛い」と叫ぶ女性や、百メートル競走のゴールのあと観客席で茫然自失している男性（図12―6）などの様々な観客の姿です（図12―7）。

二つ目は、細部の世界をとらえることです。テレビでは追うことができなかったアスリートの姿や表情を映画はとらえることができます。望遠カメラがそれを可能にしました。たとえば、マラソンランナーがゴールしたあとで靴を脱いだときに出てきた擦り切れた包帯。そのクローズアップ映像から、私たちはマラソンという競技の過酷さや包帯を巻いて参加した選手の思い、そして擦り切れた包帯しか準備できなかった選手の貧しさなどを感じ取ることができます（図12―8）。細部に宿る様々な物語を読み取り、感じ取ることができるのです。

図12-4 『東京オリンピック』
（出典：同 DVD ビデオ）

図12-5 『東京オリンピック』
（出典：同 DVD ビデオ）

図12-7 『東京オリンピック』
（出典：同 DVD ビデオ）

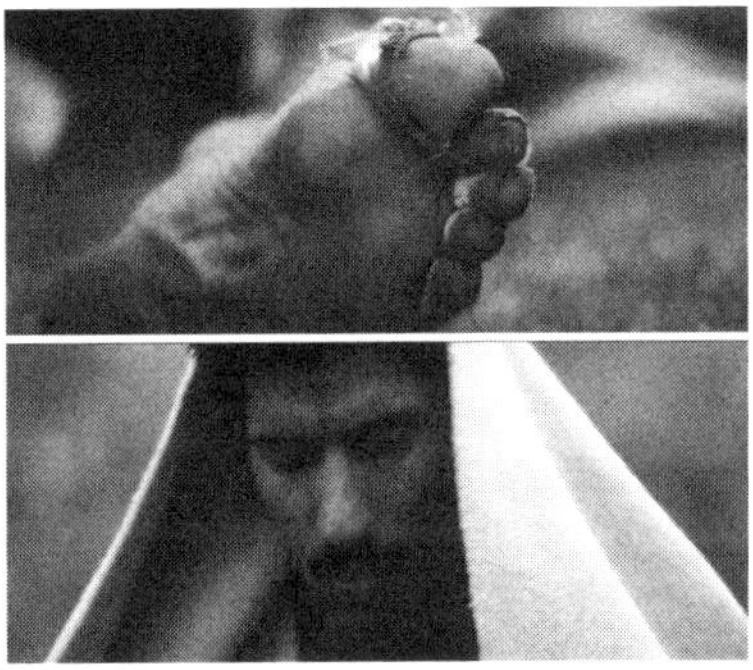

図12-8 『東京オリンピック』
（出典：同 DVD ビデオ）

図12-6 『東京オリンピック』
（出典：同 DVD ビデオ）

三つ目は、平和という物語です。『東京オリンピック』は、「オリンピックは人類の持っている夢のあらわれである」という言葉で始まり、「人類は四年ごとに夢をみる　この創られた平和を夢で終らせていゝのであろうか」という言葉で終わります。敗者や細部だけではなく、平和という大きな物語を最後に明確な言葉によって表現し、普遍的な価値に対する願望を示しています。

世界平和の実現というのはいうまでもなくオリンピックの理念そのものであり、平和という言葉は誰も反対しないリアリティーがない言葉として受け取られがちです。しかし、一九六四年当時は戦争が終わって十九年、多くの国民が戦争経験者だったこと、また戦前には日中戦争のために返上された四〇年の東京オリンピックを含めて戦争のために三度もオリンピックが開催中止を余儀なくされていることなどから、平和という言葉には当時非常にリアリティーがあったと思います。

これらが市川の戦略だったと考えられるでしょう。テレビのスポーツ中継以降のスポーツ映像の可能性を考えるときに大いに参考になるのではないでしょうか。

参考文献

石坂友司「成功神話の内実と記録映画がもたらす集合的記憶」、石坂友司／松林秀樹編著『一九六四年東京オリンピックは何を生んだのか』所収、青弓社、二〇一八年
市川崑／森遊机『市川崑の映画たち』ワイズ出版、一九九四年
春日太一『市川崑と『犬神家の一族』』（新潮新書）、新潮社、二〇一五年
渡辺裕『感性文化論――〈終わり〉と〈はじまり〉の戦後昭和史』春秋社、二〇一七年

映像

『雪之丞変化』監督：市川崑、主演：長谷川一夫、一九六三年
『東京オリンピック』総監督：市川崑、一九六五年

講義13　物語の時代のなかで——振り返りと未来への展望

スポーツと映画を生み出した二十世紀的欲望は今重大な質的変容をとげつつある。その兆候を我々はメディア・スポーツのなかに見ることができる。この兆候から新たな〈スポーツ〉を構想していくか、メディア・スポーツ全否定の「批判の安楽椅子」に身を沈めるかは個々の研究者の自由である。しかし、スポーツは社会の欲望を吸収しながら変容していくものであることを忘れてはならない。
（鬼丸正明「メディア論の現状とスポーツ理論の課題」「研究年報」一九九六年号、一橋大学体育共同研究室、六六ページ）

この講義は、今回で最後になります。ですので、まずはこれまでの計十二回の講義を振り返ってみましょう。そのあとに、現在のスポーツ映像が置かれている状況とこれからの可能性について考えてみたいと思います。

講義1「運動としての映像」

講義1で述べたように、この講義は〈運動としての映像〉という視角から様々な映像技術やジャンルを見直し、それによってスポーツ映像の批判的考察をおこなうための基礎的な知識を手に入れることに最大のポイントを置いています。

また、現在のメディアスポーツ論の弱点は映像論の不在にあり、スポーツ映像が映像であるということを看過している点にあると指摘しました。つまり、「スポーツ映像とは、何よりもまず映像である」、これがこの講義の出発点です。そして、「映像とは、何よりもまず運動である」というのがこの講義の第二の、というより根本的な出発点です。これらをこの講義の〈二重の視角〉と呼びました。

そして、「映像が運動である」ということを理解するために、十九世紀を通じて変化を遂げてきた様々な動画装置や初期の映画をみました。それによって、映像は運動への欲望を吸収して生まれて〈運動としての映像〉として発展してきたが、あるときから〈物語としての映像〉に変化したこと、映像とスポーツの関係を理解するためには、映像を物語とする見方から離れて運動とする初期の見方に立ち返る必要があることを強調しました。

1　映像はどのように作られているのか

講義2「フレーム論——クローズアップとは何か」

講義2では、映像を映像として理解するための諸条件について説明しました。それらを知ることで、映像がカメラによって作られていること、人工的産物であることを理解でき、批判的に分析する手がかりを得ることができます。

まずはフレーム論。フレームとは、カメラによって切り取られた空間のことです。カメラによって映像を撮ろうとするとき、何を考えなければならないか。最初に被写体を選択しなくてはなりません。被写体が決まったら、それをフレームのどこに置くか、構図とアングルを決める必要があります。そのとき、被写体にどれだけ近づけるかが、構図を決める一つの条件になります。被写体に近づけない場合、スポーツの試合ではそんなことがよくありますが、望遠レンズを使う必要があります。したがって当然、望遠レンズの効果をよく知っておかなければなりません。

構図とアングルが決まったら、焦点や照明についても考える必要があります。ささいなことに思えるかもしれませんが、それによって見る側の視線を誘導したり、雰囲気を作ることもできるからです。

被写体をフレームのなかに収めている映像のなかで、特異な意味をもつものの一つがクローズアップです。スポーツ映像になくてはならないクローズアップは、どんな効果をもつのか。クローズアップは、最初はあまりの異様さにトリック映像として使われていましたが、やがてそれが主役の感情を表すことに使われるようになります。照明を使って光を当てるというグリフィスが発明したやり方です。さらにその使い方が進化し、ドライヤーがやったような内面性の表現に使われるようになります。

クローズアップは現在、テレビのスポーツ中継で多用されています。それに慣れきってしまっている人が、初めて競技場で観戦したときに、選手たちの表情が見えないことに戸惑いを覚えるはずです。このギャップこそが、スポーツ映像が人工的産物であることの証しです。

講義3「移動撮影論」

講義3から講義6は、映像における運動について考えました。

その最初の講義では、「映像における運動とは、フレームと被写体に生じる位置的変化とそれによるイメージの情動的変化である」と定義しました。そして、具体的な映像を取り上げて、運動と情動の隠れた関係について考えました。

そのうえで、歴史上の様々な移動撮影の種類について説明しました。移動撮影は、運動や場面転換、心理的変化、不可視の人物の表現などの効果を生み出します。そして移動撮影が、こうした手法を開発するなかで、運動と情動の関係を進化させていきました。

講義4「編集論」

フィルムをカットしてつなげる編集という技法は、通常のスポーツ映像のなかでもよく使われています。講義4では、それをテレビのスポーツ中継の映像によって確認したあとで、編集に関する基礎的な用語や編集様式の種類を解説し、編集の発生に追っかけ映画の影響が非常に強かったことを実際の追っかけ映画やグリフィスの『東への道』を取り上げながらみていきました。編集は、意味を生み出す技法であると同時に運動を生み出す技法でもあったのです。

講義5「特殊効果論──再生・スローモーション映像とは何か」

講義5では、スポーツ映像でよく使われる再生映像やスローモーション映像の意味を考えました。特殊効果の分類として美術系や光学系のほかに撮影速度による特殊効果があり、スローモーションはそこに入ります。同じ種類の手法として、ストップモーションとファーストモーション、逆モーションがあります。

瞬間の美学としてのスローモーションには、速度や決定的瞬間、異界感覚、ノスタルジアを表現するなどの様々な効果があります。再生映像はスポーツ映像のなかで多用されますが、物語映像のなかでは従来ほとんど使われない、または使ってはならない技法でした。ところが初期映画の時代には、再生映像は使われていました。それは、映像的技術が未熟だったわけではなく、映像に関する態度が異なっていたからです。ガニングは、初期映画の時代の映像の特性を「アトラクションの映画」と呼び、「アトラクションの映画は、観客の注意をじかにひきつけ、視覚的好奇心を刺激し、興奮をもたらすスペクタクルによって快楽を与える」と述べています。アトラクションの実体はスペクタクルなのです。これは、スポーツ映像の映像的本質を説明するうえでとても重要です。

物語の叙述が中心になった劇映画の時代には忘却されてしまった初期映画の時代のスペクタクル性やアトラク

ション性が、スポーツ映像のなかで復活してきます。スポーツ映像の本質はスペクタクルにあるのです。そしてスペクタクルの映像の特性の一つが、再生映像にみられる反復でした。

講義6「音響効果論」

音も、映像と同じように選択され調整されています。音の効果として、中心化・周辺化と感情化、空間化、時間化、物語化、異化があります。スポーツ映像の中心を占めるナレーションの性格とはどのようなものか。講義6では、フィルム・ノワールという犯罪映画のジャンルの作品を例に挙げて説明しました。ナレーション役のアナウンサーや解説者たちが自分の全知性を主張するようになり過去のことばかりに言及しがちであるのは、ナレーションという行為そのものの特性によります。それは、これから起きる出来事に向かってすべての感性を動員し、予期することでそれに対応しようとする文化であるスポーツと本質的に矛盾するものです。こうした全知性や過去性にとらわれずにスポーツと音の関係を構築することがスポーツ映像の課題です。

2　運動感覚あふれるスペクタクルなジャンル映画

講義7「スラップスティック論——走る身体」

ジャンル映画とは、映画を生産・流通・消費する際に参照されている映画の分類枠組みのことです。ジャンル映画は、映画が物語の映画である劇映画になってから成立しました。ジャンル映画が主流になってからも、初期映画のアトラクション性を保持したジャンルが生まれてきます。それがスラップスティックであり、ミュージカルであり、活劇です。

スラップスティックは、一九一〇年代にハリウッドで生まれたジャンルです。その先行者がフランス喜劇です。

〇〇年代、世界の映画界の覇権を握ったフランス映画の主力商品が追っかけ喜劇でしたが、第一次世界大戦で衰退します。その間隙を縫って追っかけを中心にしたアナーキーな喜劇を作ったのがハリウッドのセネットです。ハリウッドは二〇年代に世界の映画の首都になりますが、その中心にいたのがスラップスティックのスターたちでした。チャップリンやアーバックルが有名ですが、スラップスティック性にいちばん富んでいたのがキートンでした。

キートンの作品を見ると、運動感覚に満ちたスペクタクルな映像が、洗練された追っかけの反復によって作られていることがわかります。反復はスペクタクル映像の特質です。スラップスティックは、トーキー映画の時代に入るとナンセンス喜劇やスクリューボール・コメディーに席を譲ります。それ以降、スラップスティック性はアニメーションに継承されますが、ジャンルとして復活することはありませんでした。しかし、スラップスティックは、初期映画の「映画は運動である」という感覚の純粋で正統な継承者であり、完成者であり、その映像的な試みはスポーツ映像にとってヒントの宝庫といえます。

講義8「ミュージカル映画論――踊る身体」

スラップスティックに代わって、一九三〇年代に人々の運動への欲望を吸収したのがミュージカル映画です。その革新の中心にいたのが、バークレーとアステアです。特に重要なのがバークレーで、彼が初期映画の精神を継承したスペクタクルな映像をハリウッドミュージカルの原型的イメージに作り上げました。彼の映像のなかにも、その洗練された反復性を確認することができます。

ミュージカルが大衆的な人気を獲得するのに大きな貢献をしたのが、タップダンスの完成者としてのアステアです。これ以降のミュージカルは、バークレー的でスペクタクルな映像から、アステア的な物語に覇権が移ります。その覇権を継承したのが、第二次世界大戦後から一九五〇年代にかけてのＭＧＭです。フリードらプロデューサーがミュージカルのスタジオシステムを作り上げました。五〇年代のＭＧＭミュージカルは、運動の感覚、アトラクションの感覚の継承者といえます。同時に、ハリウッドミュージカルから排除された黒人文化の豊かさも忘れてはなりません。そして、六〇年代にはスタジオシステムの崩壊とともにジャンルとしてのミュージカルは消失します。

講義9「活劇論――戦う身体」

スラップスティックやミュージカル映画と肩を並べるようにしてともに発展してきたジャンルが活劇です。とりわけハリウッドの西部劇と冒険活劇が世界に与えた影響は大きいものがあります。初期ハリウッドの代表的な西部劇監督インスは一九一五年にセネットとグリフィスとともにトライアングル社を作り、これがハリウッド誕生の中核になります。活劇は、八〇年代にハリウッドが復活するときの中核的ジャンルでもあります。活劇、アクションは映画が運動であり、スペクタクルであるという本質を保持している重要なジャンルです。

ハリウッド活劇の影響で成立したのが日本のチャンバラ映画で、これが一九三〇年代の日本映画の黄金時代の中核的ジャンルになります。チャンバラ映画は、世界に売れるグローバル商品でもあり、日本のナショナルなイメージ形成に大きな影響を与え続けました。ボードウェルが日本のチャンバラを分析して、フランボワイヤン様式とピクトリアリズム様式を見いだしましたが、運動のフランボワイヤン様式、物語のピクトリアリズム様式という区別はとても重要です。

3　ドキュメンタリーとオリンピックの記録映像――スポーツ映像の誕生とその可能性

講義10「ドキュメンタリー映画論」

スラップスティックとミュージカル映画、活劇というジャンルの試みとは全く別に、劇映画という映像の主流に背を向ける試みが生まれます。それがドキュメンタリー映画です。

カナダのエスキモーの映像を撮り続け、一九二二年に『極北のナヌーク（極北の怪異）』を公開したフラハティ、そして劇映画を敵視してニュース映画に映像の未来を見いだしたヴェルトフ。この二人の試みが世界に大きな影響を与え、ドキュメンタリー映画の運動が起こります。なかでもイギリスのグリアスンによる試みは重要なものでしたが、国家の後ろ盾を得て進められたため社会改良的・啓蒙的な映画になってしまい、ドキュメンタリー映画運動にとって一つの大きな桎梏になります。そして三〇年代に戦争の時代に突入すると、ドキュメンタリー映画と国家の結び付きはさらに進んで、プロパガンダ映画が登場します。その代表作として取り上げたのが、リーフェンシュタールの『意志の勝利』です。

プロパガンダ映画は、物語化したドキュメンタリー映画です。プロパガンダ映画の批判から出発した戦後の世界のドキュメンタリー映画運動は様々な試みを生み出しますが、啓蒙の物語の桎梏を抜けきれたとはいえません。ドキュメンタリー映画の可能性は、むしろ物語を排した都市映画と呼ばれる一群の作品のなかに見いだすことができます。

講義11「『オリンピア』――スポーツ映像の起源」

ドキュメンタリー映画のなかからプロパガンダ映画の極北として登場したのが、リーフェンシュタールによる一九三八年の『オリンピア』です。この作品には、物語化したドキュメンタリー映画という性格もみられます。ドイツ＝ギリシャという物語。ドイツロマン主義の物語。しかしこの作品には同時に、初期映画の時代から様々な映画のなかで探求されてきたスペクタクルな、同時代のバークレーに匹敵するような映像的な試みが集約されています。だからこそこの映画は、様々な批判を浴びながらも、現在でもスポーツ映像の起源の位置にあるのです。これからのスポーツ映像の可能性はリーフェンシュタール的なものとの対決と超克なしにはありえないと思います。

講義12「映画『東京オリンピック』の可能性」

リーフェンシュタールとは異なるスポーツ映像の可能性として、市川による一九六五年の『東京オリンピック』を取り上げました。この映画で市川が試みた敗者や参加者、観客、細部へのまなざしと普遍的な物語という戦略は、テレビのスポーツ中継が中心になった時代のスポーツ映像の可能性を示すものとして示唆に富んでいます。

4　スポーツ映像の現状と未来

〈運動としての映像〉の歴史／スポーツ映像からみた映像史

この講義では、〈運動としての映像〉という視点から映像の歴史を描いてきました。それはまた、スポーツ映像からみた映像史でもありました。まとめておきましょう。

まず、十九世紀の動画装置の運動やアトラクション、スペクタクルへの欲望は、初期映画のなかに濃厚に保存されていました。それは、劇映画が主流になったあとも、スラップスティックとミュージカル映画、活劇というジャンル映画のなかで保存されていきます。しかし、スタジオシステム崩壊後、ミュージカル映画や西部劇が衰退し、運動への欲望は映画から離れてしまいます。そして一九六〇年代以降には、それをテレビのスポーツ映像が吸収していきます。

講義7から講義9では、スポーツ映像と親和的な初期映画の試みを継承していった運動感覚にあふれたスペクタクルなジャンル映画の試みをみてきました。そこで気づかされたことは、スペクタクルは必ず物語化していくということです。スラップスティックの衰退とナンセンス喜劇、スクリューボール・コメディーの登場、バークレー的なものに対するアステア的なものの勝利、フランボワイヤン様式に対するピクトリアリズム様式の勝利、ドキュメンタリー映画でのプロパガンダ映画の専制。こういう傾向をみると、ジャンル映画は必ず物語化し、それが始まったら逆行するのは困難であることがわかります。そして残念なことに、物語化とともにジャンルの衰退が始まるということも事実です。

物語とは何か。「経験に意味を付与する人類の普遍的特性であり、同時に社会の道徳的価値の表現」です。これは、アメリカの文芸批評家であるフレドリック・ジェイムソンの定義に基づいています。物語を人類の普遍的特性とみることで物語学（ナラトロジー）という学問が生まれましたが、物語化は人類にとって避けがたいものなのです。しかし、それと同時に物語は、社会の道徳的価値の表現でもあります。ですから、社会的に保守的な役割を果たすこともあれば、革命的な役割を担うこともあるのです。物語化自体が問題なのではありません。映像が物語化することで、どのような社会的役割を果たすようになるのかをみる必要があるのです。

ついでにスペクタクルとは何かということにもふれておきましょう。ガニングは「アトラクションの映画」でアトラクションの欲望が生まれる背景を次のように指摘します。「都市の景観の変化をともなった都市化の拡大、視覚に訴えた展示によって消費を刺激することに新たな重きを置いた消費者社会の成長、そして（略）目新しい民族と地域を含んだ植民地探検の地平の広がり、これらすべてが、イメージと注意喚起（アトラクション）への欲望をかきたてた」。都市や消費社会、植民地は資本主義的な生産様式といえるでしょう。この上に立つ資本主義的な知覚様式がアトラクションであり、スペクタクルなのです。

では、スペクタクルに私たちはどう向き合えばいいのか。スペクタクルを知覚の商品化として批判したギー・ドゥボールたちの試みはありえます。ですが、エイゼンシュテインやヴァルター・ベンヤミンのようにそのなかのユートピア的な契機を解放するのがスペクタクルとの望ましい関係であり、それがスポーツ映像の使命でもあるでしょう。

スポーツ映像の物語化――一九八〇年代以降

映像の歴史はその後、一九八〇年代に大きな変化を迎えます。スポーツ映像の物語化です。何が起こったのか。第一に、劇映画の主流にスペクタクルの力が復活してきます。七〇年代の「スター・ウォーズ」シリーズに始まる冒険活劇の復活と活劇スターの登場、ホラー映画とスプラッター映画のなかの特殊メイクの革新、そして決定的なのはCGの登場です。こうして、フェイクドキュメンタリーの手法が劇映画のなかで試みられるようになってきます。劇映画が形成されるなかで排除されていった初期映画時代のアトラクション性やドキュメンタリーの手法が劇映画のなかに取り込まれていきます。そして映画製作に巨大な資本が投入され、大作主義がハリウッドでの主流になります。

一九八〇年代のCGの登場に象徴される劇映画の変化を背景に映画研究に登場してきたのがガニングやハンセンらの初期映画論です。劇映画成立以降に忘れられていた映像の見方や楽しみ方を初期映画のなかに見いだすという彼らの研究は、八〇年代以降の映像環境の変化に対応しようとしたものでもあったのです。日本の映画研究者・渡邉大輔は、現在のネットやスマートフォンでの映像環境が、初期映画の時代の映像環境と近いと指摘しています。

第二にテレビゲームの登場です。それによって、スペクタクル映像の中心は、スポーツ映像からゲームに移りました。

第三にスポーツ界へのメディアマネーの流入です。一九八四年のロサンゼルスオリンピックを契機にスポーツ界の民営化が加速し、アマチュアリズムが崩壊して、スポーツ放映権の高騰によってメディアマネーが流入します。これによって、スポーツ映像が従来のプロ・アマの枠のなかでの放送から変化し、様々な物語の発見を要請されるようになっていきます。プロ・アマを問わずスポーツ選手のスター化が求められ、業績を上げた選手はテレビ番組に呼ばれてタレント化が始まります。スポーツ選手のセレブ化もこの時代から始まります。

では、一九八〇年代以降の物語化したスポーツ映像とはどのようなものなのか。それを示す代表例を二つ取り上げてみましょう。

『フィールド・オブ・ドリームス』

一つ目は、一九八九年の『フィールド・オブ・ドリームス』です。この映画は、ウィリアム・パトリック・キンセラの八二年の小説『シューレス・ジョー』を原作にした作品です。シューレス・ジョーとは、一九年のブラックソックス事件で野球界を追放されたアメリカのプロ野球選手です。題材は、ホワイトソックスの選手が起こしたワールドシリーズでの八百長事件ですが、この映画では実は八百長はなく彼らは無実だったという描き方がされています。つまり従来のアメリカのスポーツ史とは異なる物語がつづられています。また、シューレス・ジョーの登場をきっかけに、主人公が不仲だった元マイナーリーグ選手の父親と再会して和解するというストーリーになっています。

この作品はアカデミー賞の作品賞にノミネートされました。作品賞は取れませんでしたが、現在まで長くアメリカで愛されている作品です。メジャーリーグのウェブサイトでも、この作品名を目にすることができます。日本アカデミー賞の外国語映画賞も取っていて、アメリカ本国以外で特に日本で人気があった作品です。

ケビン・コスナー扮する主人公のレイはある日、自分の農場で不思議な声を聞きます。「それを作れば彼はやってくる」。この声に従って、レイは一家の収入源であるトウモロコシ畑を潰して野球場を作ります。するとそこに、昔のプロ野球選手たちの幽霊がやってきて、楽しそうにプレーを始めます。その幽霊が見えるのは、主人公の家族三人と一人の黒人の詩人だけです。この詩人は、原作では小説家のJ・D・サリンジャーがモデルとされています。

トウモロコシ畑を潰したために、レイの家計は行き詰まります。借金が増え、畑と家を手放さなければならなくなり、それを心配した妻の兄がトウモロコシ畑を売れと迫ります。そのとき、小さな一人娘のカリンが言います。売る必要はない、みんながお金を払ってここに野球を見にくる、「そして子どもに戻った気分になれる。もう一度子どもに戻れるのよ」。その直後のレイと兄の言い争いの巻き添えでカリンが観客席から地面に落下し、それをある幽霊が医者の姿になって救護します。さらに幽霊たちが見えるようになった兄の心変わりを経て、レイは野球場を維持することを決心します。

幽霊は八百長の罪で追放された選手たちなのですが、レイの父は彼らの無罪を信じていました。ここでは歴史の書き換え、すなわちスポーツ史や家族史、アメリカ史の書き換えが試みられています。そしてそれは幽霊という歴史の敗者の声を聞くことによってなされているのです（図13—1）。市川が『東京オリンピック』で描いた敗者の物語の可能性を現実化した作品と評価できるのではないでしょうか。

図13-1　『フィールド・オブ・ドリームス』
（出典：DVD ビデオ『フィールド・オブ・ドリームス』ジェネオン・ユニバーサル・エンターテイメント、2009年）

テレビ中継『箱根駅伝』

スポーツ映像の物語化は、テレビ中継でもみられます。その一つが箱根駅伝です。一九八七年に全国完全中継を開始した箱根駅伝は、現在最も成功しているスポーツ映像の一つです。正月の箱根駅伝は、夏休みの甲子園と並ぶ国民的な行事になっています。

箱根駅伝のイベントとしての大きさは、実は非常に限定されています。まず、駅伝は日本にしかない種目です。しかも、参加チームは関東の大学だけです。このようなローカルな学生スポーツイベントが、なぜこれほどまでに人気を得たのでしょうか。

一つは、勝者は誰かということのほかに様々な物語装置を発明していったことです。トップ争いのほかに、中

図13-2 『箱根駅伝（復路）』
（出典：『箱根駅伝（復路）』日本テレビ、2007年1月3日）

くらいの順位の大学には来年度の出場権争い、そして下位の大学にはたすきがつながるかどうかという物語装置などを準備したのです。同時に箱根駅伝の歴史や選手個人のエピソードなども織り込むことで中継に厚みを出しています。たとえば、二〇〇七年の復路の最後の中継地点の映像では、つながれば最後までたすきを持って走れるということにポイントが置かれています（図13―2）。

スポーツ映像の課題

一九八〇年代以降の物語化されたスポーツ映像の代表例を二つ挙げてみました。このようにスペクタクルの映像であるスポーツ映像にも物語化が起こりました。そして映像の歴史の法則として、物語化したら逆行はできないし、ジャンルとしての衰退を止めることもできません。その傾向はプロ野球中継にすでにみることができます。では、どうしたらいいのでしょうか。私たちは一九八〇年代のハリウッドに活劇が復活してきたことを知っています。それらを参考に、これからのスポーツ映像の課題を最後に考えてみましょう。

まず第一にやるべきことは、箱根駅伝の中継のような物語を探すことです。物語の時代に逆行したり背を向けたりするのではなく、現代的な物語を探すことがスポーツ映像の第一の課題です。

第二に、ジャンル映画のなかで生き延びていったスラップスティックやバークレー、フランボワイヤン、都市映画などの試みに学ぶことです。講義の後半で、こうしたジャンル映画を追いかけていったのはそのためです。そこでの〈運動としての映像〉の試みは、スポーツ映像の未来を考えていくうえでのヒントの宝庫です。

第三は、現在の中心的なスペクタクルの映像であるゲームに学ぶことでしょう。

そして第四は、映像技術の革新に努め、新たな映像や音響技術を導入することです。

この四つが現在のスポーツ映像の課題だといえるでしょう。そのうえで、最後に強調しておきたいのは、物語の時代であってもスポーツ映像の本質がスペクタクルと運動にあることを忘れてはならないということです。これをこの講義の結論にします。

参考文献

トム・ガニング「アトラクションの映画」、長谷川正人／中村秀之編訳『アンチ・スペクタクル――沸騰する映像文化の考古学』所収、東京大学出版会、二〇〇三年
トム・ガニング「驚きの美学」、岩本憲児／武田潔／斉藤綾子編『「新」映画理論集成①――歴史／人種／ジェンダー』所収、フィルムアート社、一九九八年
フレドリック・ジェイムソン『政治的無意識――社会的象徴行為としての物語』大橋洋一／太田耕人／木村茂雄訳（テオリア叢書）、平凡社、一九八九年
ミリアム・ブラトゥ・ハンセン『映画と経験――クラカウアー、ベンヤミン、アドルノ』竹峰義和／滝浪佑紀訳（叢書・ウニベルシタス）、法政大学出版局、二〇一七年
渡邉大輔『イメージの進行形――ソーシャル時代の映画と映像文化』人文書院、二〇一二年

映像

『フィールド・オブ・ドリームス（*Field of Dreams*）』監督：フィル・アルデン・ロビンソン、一九八九年
『箱根駅伝（復路）』日本テレビ、二〇〇七年一月三日放送

解説　鬼丸正明とスポーツ映像学

坂上康博

本書は、鬼丸正明さんによる一橋大学での大人気講義「スポーツと映像文化」の二〇二一年度オンデマンド配信版を書籍化したものです。

哲学からスポーツ社会学へ

授業を始めます。私はこの授業を担当する鬼丸正明といいます。最初に簡単に自己紹介をします。

私は、一橋の社会学部出身で、大学院も一橋の社会学研究科です。学部時代は哲学専攻でしたが、院に入って専攻をスポーツ社会学に変えました。一橋の歴史のなかで、最初のスポーツ社会学専攻の大学院生です。修士時代はスポーツ社会学を学んでいましたが、博士後期課程に進んで本格的にメディアスポーツ論の分野に取り組み、それがきっかけでこの授業を担当することになりました。

何回か病気で休むこともありましたが、ほぼ二十五年近くこの「スポーツと映像文化」の講義を担当していますが。私は六年前に声帯摘出手術を受けたので、通常の会話ができません。授業は、この人工音声を用いておこないます。

講義を始めるにあたって鬼丸さんは、学生たちに向かってこのように話しています。

鬼丸さんの卒業論文のタイトルは「カントと形而上学」、修士論文は「身体と運動文化」。大学院で分野を大きく変えたわけですが、学部時代に専攻した哲学はその後の研究のバックボーンとなり、鬼丸さんの研究にユニークな彩りを与えました。壮大なスケールの議論と始原にさかのぼる根本的な考察、最先端の理論との格闘、各分野の論客に対する容赦のない批判などがそれです。大学院時代の鬼丸さんの論文「情動と運動文化[1]」や「快楽とスポーツ批評[2]」などがいまでも読む者の心をゆさぶるのは、こうしたユニークな彩りが際立っているからだと思います。

鬼丸さんは哲学的な探究力を武器に、研究テーマをスポーツと身体、情動から批判的スポーツ理論、さらにスポーツ批評、メディアスポーツ論、公共圏などへと広げていきました。メディアスポーツ論は、テレビのスポーツ中継をはじめとするメディアによって伝達されたスポーツやスポーツとメディアの関係などについての研究分野を指しますが、博士課程時代には確かにこの分野も鬼丸さんの研究の射程に入っていました。

たとえばそのころ鬼丸さんと私は、季刊雑誌「スポーツ批評」のスタッフの一員として編集を手伝っていましたが、その第五号の企画「編集部が全スポーツ人に向かって断固として薦める独断の8冊」のなかで鬼丸さんは、ポール・ヴィリリオ『戦争と映画I[3]』と加藤幹郎の『映画のメロドラマ的想像力[4]』の二冊を取り上げ、それぞれについて次のようにコメントしています。

> 映画とスポーツ——この関係は中井正一が鋭く喝破したように、現代を語る時、不可欠な文化である。それゆえ、われわれスポーツ人にとって今、映画がどういう状況にあるか、今どういう映画批評・映画理論があるか無関心ではいられない。
>
> スポーツはメロドラマにみちている。たとえば（略）テレビのスポーツ報道のアナウンサーの言説におけ

るスポーツマン。選手がどれだけ苦悩にさいなまれているか、が、あらゆる修辞と技法によって述べられ、カメラは、選手の苦悩の表情を大きくクローズアップすることによって、みる者の感情移入を促し、選手の心情を強調する。そして、湿った空気をスポーツのまわりに蔓延させる。このメロドラマ的修辞（略）この書物はスポーツとは全く無縁にみえながら、しかし、スポーツに根強く残るイデオロギーを相対化するために有益な、そして美しい書物である。(5)

中井正一は、スポーツがもたらす快感や興奮、スポーツ的体験の美的意味を掘り下げた論文も書いている哲学・美学研究者です(6)。中井の発言に刺激を受けながら、鬼丸さんがスポーツを映画とセットでとらえようとしていたこと、またメロドラマ的修辞や技法といったスポーツ報道の問題についても強い関心を抱いていたことがわかります。

独自のスポーツ映像学の提唱と講義

講義「スポーツと映像文化」が始まった一九九六年に鬼丸さんは、日本体育学会編集の雑誌「体育の科学」の連載企画「映像文化にみるスポーツ」の第十七回を担当し、「疾走する映像」と題する論文を書いています。その冒頭の文章は、鬼丸さん自身のスポーツ映像研究の立場を鮮明に示す、〝鬼丸スポーツ映像学〟の立ち上げ宣言といっていいでしょう。以下がそれです。

「スポーツ映像学」に欠落するもの

「映像文化にみるスポーツ」というテーマで論じようとした時、誰でも最初に思いつくのは、スポーツを「主題」とした映画について論ずるという行為だろう。まず『フィールド・オブ・ドリームス』だとか、『ロッキー』だとか、『プリティ・リーグ』だとか自分の趣味にあった映画を選び、次にその物語の要約をして、最後にその作品は「社会」や「歴史」や「時代」を表わしていると結ぶ。例えば『ロッキー』にアメリカン・ドリームの表現を見たり、『勝利からの脱出』にファシズムへの抵抗を見たり、『瀬戸内少年野球団』に日本の戦後を、『ミスター・ベースボール』に日米文化の差を、『プリティ・リーグ』の中にフェミニズムを見たりする。

このようにまずスポーツを主題とする映画を数え上げ、次にヒッチコックの『見知らぬ乗客』のようにスポーツ選手が主人公や登場人物としてでてくる映画や、小津安二郎の『若き日』のように一エピソードとしてスポーツ場面がでてくる映画を数え上げれば、「ミュージカル映画」「ホラー映画」と同様にジャンルとしての「スポーツ映画」は成立するだろう。それは映像学や、スポーツ科学の中にスポーツ映像学を位置づけるための学的身振りとしては至極当然といえるものだ。(略)

スポーツを主題とした映画を選び、そこに「社会」を見いだすこと。それはいかにもわかりやすい説明である。しかしその「わかりやすさ」が逆に「スポーツと映画」について本来論ずべき地平を隠蔽してはいないだろうか。

第一にそこでは、十九世紀が生みだし、二十世紀が発達させた「文化」がスポーツと映画という双頭の「運動」の「文化」であったこと、その本質的な関係が忘却されている。運動という二十世紀的知覚の起源を問うことが「スポーツと映画」を論じることの課題でなければならない。

第二にそこでは何よりも「映像」が見逃されている。「社会」とか「時代」ではなく、思想とか物語とか脚本とか「語られたもの」ではなく、スクリーンの上で何がどのように映されているか、その手法と形式が、フレームとショットと編集こそが問題とされなければならない。

今組織されようとしているスポーツ映像学に(そして映像社会学にも)欠落しているのは、皮肉なことに映像へのまなざしである。言葉ではなく映像こそが語られなければならないのだ。(7)

ここでいう「スポーツ科学」とは、スポーツ社会学やスポーツ史学などを指すと思われますが、それらの「学的身振り」が、スポーツを主題にした映画や映画のなかのスポーツ場面を取り上げて、そこに映し出されている社会や歴史などを明らかにするという「わかりやすい」アプローチにとどまっていることに対して、強烈なパンチを浴びせています。そして、そのような学問状況を打破するものとして独自のスポーツ映像学の構想を打ち出し、それに必要不可欠な課題としてスポーツと映画の本質的な関係と両者を生み出した二十世紀的知覚の起源を問うこと、映像そのものを問うことの二つを提起したのです。そしてこの気合が入った宣言的文章に続けて鬼丸さんは、自ら提起した二つの課題を追求するために、スローモーションの反スポーツ性という問題と、映画的快楽の本質が運動にあることを示すバスター・キートンの映画を取り上げています。

私が驚かされたのは、この二つの課題が本書に収録した二〇二一年の講義「スポーツと映像文化」の骨格と一致していることです。〝鬼丸スポーツ映像学〟の立ち上げ宣言は、講義「スポーツと映像文化」のスタートとぴったり重なっていて、鬼丸さんは自身のスポーツ映像学の構想をそのままを骨格にした講義を作り上げていったということなのです。既存の「わかりやすい」アプローチを断固拒否し、前人未到のスポーツ映像学を目指した講義がスタートすることになりました。

鬼丸さん自身のこうした課題意識を踏まえると、「スポーツと映像文化」という科目名は「スポーツと映画」とほぼ同義だったと考えられますが、その内容は彼のスポーツ映像学の追求と不可分一体になった他に類を見ないユニークなものだったのです。

一九九六年に鬼丸さんは、もう一つの論文「メディア論の現状とスポーツ理論の課題」(8)を書きました。そこではメディアスポーツ論の全体的な課題を次のようにとらえています。

メディアとスポーツの問題を批判的に論じようとする時、注意せねばならないのは、メディア＝悪玉、スポーツ＝善玉と前提してメディアの介入がスポーツを歪めたとア・プリオリに決めつけることである。これは「スポーツはするものであって、観るものではない」という考えとも結びついてスポーツ研究においても大きな影響力をもっている視点である。

一見批判的にみえるこの視点は、第一にメディアの背後にある膨大な市民のスポーツへの欲望を看過し、その多種多様な欲望＝要求を分析する道を閉ざす点で、第二に「スポーツを観る」ことをスポーツ活動の中に正当に位置づけることを怠り、スポーツ批評の豊饒化を阻害する点で、第三にスポーツ報道に従事するメディア労働者とその対象になっているアマチュアのトップ・アスリートやプロのスポーツ労働者と連帯してともに「スポーツ文化」を創造していくという観点が欠落している点で大きな問題をもった視点である。

我々がメディア・スポーツを論じるときは、メディアとは何であり、メディアとどう結びつくことによってスポーツは豊饒化され、あるいは貧困化されるのかを慎重に見極めて論じる必要があるだろう。

メディアとスポーツの問題に対する鬼丸さん自身の立場を明確にし、さらにそれに続けて「今日のメディア・スポーツの中心であるTVスポーツにおいて、スポーツは何よりも映像経験として与えられる。映像とは何か、と問わずにメディア・スポーツとりわけTVスポーツについて論じることは不可能なのだ」と、映像研究の重要性をあらためて主張しています。

鬼丸さんの講義は、受講希望者がたちまち三百人を超える大人気のものになりました。大人数の講義になってからも鬼丸さんは、毎回の授業で学生に小レポートを提出させ、その全部に目を通して評価し、成績をつけるというやり方を変えませんでした。この形式は、講義内容についての学生全員の理解度や反応をダイレクトにつかむことができるだけではなく、学生自身の興味・関心のあり方や講義の問題点なども即座に知ることができます。小レポートを通じて学生との会話を繰り返すことで、講義内容がさらに練り上げられていったにちがいありません。

二〇〇五年からは、映像学科がある武蔵野美術大学からの要請に応じて、新規科目「スポーツ映像論」も担当することになりました。

講義の終焉と再生

二〇二一年度の講義の自己紹介のなかで、鬼丸さんは「何回か病気で休むこともありました」と述べていますが、最初の休講は一六年で、喉頭がんによる声帯摘出手術のためでした。突然の病魔の襲撃を受け、講義の中断を余儀なくされたのです。一橋大学体育会応援部の主将として活躍した鬼丸さんの声は、ときに大地を震わせるほど力強く、またときに繊細で優しく心に響きました。その声がもう聞けない。当惑する私を尻目に当の鬼丸さんは、その翌年には人工音声を使って講義をやると言いだします。読み上げソフトウエアを使ってパソコンで原稿を人工音声化するというもので、人工音声がうまく作動しないときはティーチングアシスタントが原稿を代読する。いざというときには、鬼丸さん自身が発声補助器具の振動音を使って話す。鬼丸さんはこのやり方で見事に講義を復活させ、その姿に私のほうが勇気づけられることになりました。

しかし、その三年後の二〇二〇年に二度目の休講。翌二一年にまたもや復帰を果たしますが、今度は前年の春から始まった新型コロナウィルス感染症の拡大の影響で、大人数の講義はすべてオンラインで実施しなければなりませんでした。鬼丸さんは自分の講義を録画配信するという方法を選びました。パワーポイントや映画の映像などを用いながら、人工音声で講義する動画を自分で作成し、それを毎週配信したのです。

病魔との闘いはそれで終わりではありませんでした。翌二〇二二年の四月に再び入院し、大きな手術を受けました。夫人の晴美さんから病状を告げられ、秋以降に予定している講義への対応などについて相談するなかで、私はもう一度鬼丸さんに講義の書籍化を勧めることを決意しました。

実は十年ほど前にも書籍化を勧めたことがあって、そのときは出版計画に乗ったものの、途中で「ごめん、まだ無理」と降りてしまいました。そのときから授業内容がより洗練されていて、何よりも人工音声用の読み上げ原稿がすでに作成されている。声を失ったことと引き換えにゴールへの距離が一気に近づいていて、このゴールは鬼丸さんが病魔と闘う一つの目標にもなるはずだ。そう思ったからでした。

晴美さんを介して入院中の鬼丸さんの意向を確認したところ「やる！」との返事。このとき、晴美さんが「あなた、前に途中で降りたそうね」と追及したら、「へへっ」と笑って答えたということです。ここから鬼丸さんは大手術を乗り越え、検査や治療のための定期的な入院を繰り返しながら体調の回復を目指しましたが、推敲に取り組む前にすべての力を出しきり、同年十一月二十日にこの世を去りました。

こうして、鬼丸さん自身が手を入れて完成させる予定だった人工音声化用の原稿がそのまま残されました。それに配布資料とパワーポイント、使用した映像、そして実際の授業の録画。二〇二一年の講義に関するこれらすべての資料を私が受け取り、それらの全体を見渡しながら、鬼丸さんに代わって私が推敲を引き受けることになりました。それは、二度目の出版リクエストを快諾してくださった青弓社の矢野未知生さんとの、鬼丸さんに万が一のことがあった場合の約束であり、鬼丸さんのご家族の意向でもあり、私自身の意思でもありました。

原稿の完成度が高いので、一般読者向けに不要な箇所を削ればすぐに仕上げることができる。そう思っていましたが、やり始めてすぐにいくつかの問題にぶつかりました。音声化用の原稿は話すためのもので読むための文章とは異なり、また章や節などの見出しが一切なく、引用の際も著者名しか示していません。配布資料の「参考文献一覧」も、最も重要なものや学生に読んでほしい文献に絞られていて、引用文献の記載はほとんどありません。パワーポイントに掲載された写真や図の出典も不明。また、原稿だけでは映像を実際に見るというこの講義の醍醐味が失われてしまうのではないかという不安もありました。

あれこれ悩みましたが、残された配布資料や映像資料などから章立てや節立てを考え、また晴美さんや友人にも手伝ってもらいながら出典を探し出して原文と照合し、出典がわからない写真や図に関しては代替可能なものを見つけ出し、映像のポイントになるシーンをスクリーンショットで撮影して引用するという方法で、これらの問題の解決を目指し、草稿を書き上げることにしました。

草稿を完成稿に仕上げるためには、記述の妥当性や正確性などのチェックが必要なのですが、映像や映画史に関する知識に乏しい私には、その自信がありませんでした。思案するなかで思い出したのが、私が二十年勤めた福島大学の同僚で、文芸社会学と社会言語学の専門家でありながら、映画に対しても並外れた情熱と膨大な知識をもち、「映画の世界、映画と世界」という魅力的な講義を開いていた久我和巳さんでした。力を貸してほしいと頼んだところ快く引き受けてくれて、返信には「大学二年生のときに、フロイトの読書会に交ぜてもらっていたことを思い出しました」と書いてありました。びっくりしました。久我さんも一橋大学社会学部出身ですが、鬼丸さんが大学院時代に開いていた読書会に参加していたのでした。久我さんによる支援はまさに百人力で、草稿はみるみるうちに完成稿へと姿を変えていきました。

配布資料のなかの漫画コーナー

二〇一七年と一九年の人工音声による対面授業のティーチングアシスタントを務めた川田幸生さんと青野桃子さんに印象的だったことは何かと聞いてみたところ、「配布資料の右下に毎回、手描きの鬼のキャラクターが描いてあり、授業内容につながっていたり……というのを思い出しました」という答えが返ってきました。

私の手元に残っている二〇一二年の配布資料を見てみると、確かにかわいい鬼のキャラクターが描かれています。講義1の配布資料の右下には、目がキラキラした鬼とともに「瞳の中にキラキラ光る星をつくる、キャッチライトのような照明を効果光線といいます。照明は、主光線、補助光線、効果光線を総合的に組み合わせて、行われる仕事」という手書きの文字。これが授業内容につながっているパターンのもので、それ以外にサンタクロースに扮した鬼キャラクターの「いつかはやりたいコスプレで講義」「ちなみに一橋のディスコキングと言われていたのは私です」「最近、家に置いてある自動で出る芳香剤の音、めちゃこわいです」「品のない話で申し訳ありませんが……昨日、息子のおならが「おとうさぁ〜ん」と聞こえました。返事をしてしまった自分が悲しい」など、自己紹介や日常生活のなかの爆笑ネタを描いた漫画もあります。

配布資料の右下の小さな余白は、鬼丸さんの漫画作品の発表の場になっていて、彼自身が存分に楽しみ、また学生も楽しみにしていた様子がうかがえます。「ディスコって、めちゃ古くないですか（笑）」と学生からツッコまれことをネタにして、鬼キャラクターがその学生の小レポートをロウソクにかざし、「あはは。もやしたろか（うそですよ♡）」というやりとりの漫画もあります。そんな楽しいコーナーですが、コロナ禍で始まった二〇二一年の録画配信授業の配布資料のなかには見当たりません。おそらく授業録画の作成に膨大な時間とエネルギーを費やし、プリントアウトした資料に漫画を描き込んでPDF化する余裕がなくて、断念したのだと思います。

ちなみに鬼丸さんには、「笑いを表現するのに漫画ほど適した形態はなく、また、漫画のなかで笑いが生成するときはじめて、漫画が自らの運動を獲得する」という哲学的な考察から始まり、『ぼのぼの』（いがらしみきお、一九八六年）の面白さを論じた「笑う空白」(9)という漫画批評もあります。

大学院時代の思い出

鬼丸さんと初めて出会ったのは、私が高知から上京してきたばかりのころ、一九八一年の五月だったと思います。引き合わせてくださったのは、鬼丸さんの指導教員である一橋大学の川口智久先生でした。お互い修士課程の一年生でしたが、東京学芸大学の体育専攻の院生だった私にとって、哲学や現代思想をはじめ文化芸術などについても膨大な知識をもち、ドイツ語や英語に堪能で、いつも黒のコーデュロイのジャケットにジーンズで本やノートをブックバンドで縛って持ち歩き、長身で足が長く、ぶ厚い胸の鬼丸さんは、学問の最先端をいくカッコいい兄貴でした。出身が私の母と同じ鹿児島というのも鬼丸さんに親近感を覚えた一つの理由で、かすかに残る鹿児島弁のイントネーションに懐かしさを感じながら、いろんな話をするようになりました。

他大学の院生たちと一緒に立ち上げた体育・スポーツ若手研究者の会などの研究会でも顔を合わせ、友人たちと始めたドイツ語の勉強会の合宿では鬼丸さんに指導を仰ぎました。修士論文の執筆は今も昔も修士課程の院生にとっての最大の試練ですが、当時はワードプロセッサーが普及しておらず手書きの時代でした。執筆が遅々として進まない私を見かねて、原稿の清書をしてくれる友人の居場所を院生寮のなかに確保してくれたのも、私の修士論文のタイトルを活字のような手書きの文字で清書してくれたのも鬼丸さんでした。にもかかわらず私は、博士課程の編入審査の申し込みに間に合わずに浪人する羽目になり、川口ゼミの正式な院生＝鬼丸さんの後輩になるのにプラス一年かかってしまいました。

一九八四年に鹿児島で開催された日本体育学会が鬼丸さんの学会デビューでしたが、このときには川口ゼミのメンバー四人全員で参加し、鬼丸さんの実家に泊めてもらいました。二人で市民プールに泳ぎにいったり、秩父の夜祭りに行ったりしたことも、懐かしい思い出です。山下達郎の楽曲や唐十郎の演劇などの最先端の都市文化を教えてくれたのも鬼丸さんでした。時代はバブル景気のただなかでしたが、ディスコの話は聞いたことがないので、「一橋のディスコキング」はすでに過去のものになっていたのでしょう。一方で、私が鬼丸さんに教えたのは剣道で、大学院の剣道同好会や国立美剣クラブ、のびのび剣道学校の練習で鬼丸さんはめきめきと腕を上げ、すぐに初段を取得しました。二段の昇段審査の前には、集中的に練習がしたいという鬼丸さんの要望を受けて山形県の酒田でおこなわれた工学院大学剣道部の合宿に二人で参加させてもらいました。結果は見事な合格。

二人で手伝った「スポーツ批評」の編集は、鬼丸さんが秘めていたライターと編集者としての才能を発揮する場になりました。私は原稿依頼や取材で駆け回っていましたが鬼丸さんはデスクワークと執筆が多く、第一号（一九八七年二月）に編集部による創刊宣言ともいえる論文「快楽とスポーツ批評」(10)を書き、その後も書評などを執筆するとともに、毎号のタイトルやキャッチコピーの考案の際にも見事なアイデアを提供しつづけました。

第一号のタイトル「開闢の予感」は鬼丸さんの考案で、「スポーツ批評は、いま開かれねばならない。「批判」の言説が内閉していること、ここに今のスポーツの不幸がある」というキャッチコピーは、鬼丸さんの論文からの抜粋です。「資格の湧出」「テクノロジーの愉悦」「アジアの豊穣」などのタイトルも、「健康とか、体力のためにスポーツするなんて、なんて貧しい社会だろう」という過激なキャッチコピーも、鬼丸さんでした。

映像史での位置と技法——映像分析の出発点

〝鬼丸スポーツ映像学〟の立ち上げを宣言し、講義「スポーツと映像文化」をスタートさせた一九九六年以降、鬼丸さんは独自のスポーツ映像学をどのように探究していったのでしょうか。

それが最もまとまった形で示されているのは、論文「メディアスポーツと映像分析」[11]です。この論文では、

映像論の不在という問題は、日本のみならず世界のスポーツ社会学に共通してみられる問題である。本来言説は映像とともに作用する、故に言説分析は映像分析とともにおこなわれなければならないが、映像分析の視角が欠けているために、言説分析の研究のみが増加し、メディアスポーツ論に著しい偏頗が生じてきている。

とし、この問題を克服するためには、メディアスポーツ（特にテレビスポーツ中継）を映像文化の歴史のなかに位置づけて理解しなければならないと述べています。「TV視聴者はこの映像の歴史の中で蓄積され共有された映像のコードに従ってスポーツ中継を観ており、またスポーツ中継の制作者たちは映像の歴史に依拠してスポーツ映像を作り出している」というのがその理由です。

こうして鬼丸さんは、そのほとんどが映画のなかで作られて鍛えられてきたという映像技術のうち、クローズアップと移動撮影、再生、スローモーションの四つについて論じ、こうした技法を知ることがメディアスポーツの映像分析の出発点になると主張します。

それだけではありません。メディアスポーツを映像文化の歴史のなかに位置づけて理解するという方法的立場は、映像史の全体のなかでメディアスポーツがどのような系譜に位置づくのかを明らかにすることを求めます。この課題に対する鬼丸さんの回答は明快で「スポーツ中継の映像史的位置は、スペクタクル（アトラクション）

の系譜にある。それは映画史の主流である劇映画（物語映画）でなく、傍流に位置する諸ジャンル――ミュージカル、スラップスティック――と共通点をもつ」というものです。そこで参照しているのが、劇映画が主流になる以前の初期映画の時代は物語ではなくスペクタクル（アトラクション）が観客を魅了していたというトム・ガニングの初期映画論です。

こうした系譜的な理解のうえに立って鬼丸さんは、スポーツ映像がなぜ人々を引き付けるのかという巨大な問いに対しても仮説的な回答を示しています。

　スポーツ中継を観る（＝作る）とき、我々は映像文化の歴史の中で、とりわけ劇映画の中で作られた映像の文法によって観て（＝作って）いる。
　しかし、その底層にはスポーツ中継を、物語や言説や意味としてではなく、スペクタクル（＝アトラクション）として、運動として観、経験している。そこでわれわれは、初めて人々が「動く映像 moving picture」に接した時に感じた感動を再経験する。おそらくスポーツという運動の「文化」は映像（映画・TV）が運動であることを喚起させてくれる最も適した文化の一つなのではないか。今日、TV番組の中でスポーツ番組がもっとも視聴者の多い番組であるのはそこに要因の一つがあるだろう。

以上のような主張が、鬼丸さんの講義「スポーツと映像文化」の内容、つまり本書の内容そのものであることはあらためて指摘するまでもないと思います。

鬼丸さんのスポーツ映像研究を理解するうえで重要なのは、この前人未到のユニークな考察を自身が研究のゴールと考えていなかったことです。鬼丸さんにとってそれらはメディアスポーツの映像分析の出発点にすぎない「予備的考察」だったのです。

生中継論と映像の身体性論——新たな突破口

そのさらに先に進むための突破口として、この論文では生中継論と映像の身体性論の二つを挙げ、「それがメディアスポーツ論が映像学に学びながらそれを超えて、メディアスポーツ論固有の問題領域（プロブレマティーク）を発見していく方法となるのではないか」と述べ、この論文を締めくくっています。なぜこの二つなのか。

ニュースが既に起こったことを基本的に報道するのに対し、スポーツ中継は今起こっている出来事を報道する。「同時性」という点で、スポーツ中継はニュースを凌駕する。「同時であること」「生放送であること」「リアルタイムであること」、これがメディアの中でスポーツ番組がもっている最大の特性である。

こうしたスポーツ中継の特性を踏まえたスポーツ映像の探究とともに、鬼丸さんはもう一つ、スポーツ映像経験の身体性という新たな課題も提起しています。

われわれがスポーツ中継で経験しているのは、身体的な経験である。無論、視覚的、言語的、記号的、意味的な経験も同時に行っているのだが、スポーツ中継のもたらす最深な経験は身体的なものである。例えば、われわれはウェイティング・サークルでバッターが行う素振りに恐怖する、あるいはバスケットボールの選手が休憩時間に何気なく行うドリブルに畏怖する、われわれは彼／彼女たちのそのさりげない運動の中に、決定的な才能の差、あるいは過去に彼／彼女が費やしたであろう膨大な時間、あるいはその運動が切り裂くであろう未来等々を「身体的に」理解する、また例えばスポーツ中継の中で新たな技術、新たなスタイル、新たなプレイヤーが現れたとき、われわれは映像を介してその運動に「身体的に」共振する、われわれはもうその翌日にその技術やスタイルを模倣しようとするだろう、ほどなくその新しい技術・スタイルは全国に、世界に広がっていく。

さらに鬼丸さんは、こうしたスポーツ映像の身体的な経験こそが、現代の「スポーツ経験の最も重要な部分を成す」といいます。なぜならば「近代スポーツはその中核にメディアを内在させた存在」であり、「現在では印刷メディアにかわって映像メディアが近代スポーツの中核にあり、これがスポーツの性格を決定している」からです。こうして、スポーツ映像研究はメディアスポーツ論だけではなく、現代のスポーツをとらえるうえで必要不可欠な重要性を帯びている。こう鬼丸さんは主張します。

映像論と公共圏論の交錯

このようなスケールの大きな仮説的命題の提起に続けて、さらに鬼丸さんは、「「映像の身体性」の議論は「記憶」論と繋がることで歴史学と接合しうる。公共圏論と映像論が交錯するのもこの領域である」と、それがもつ研究戦略上の位置についても大胆な提起をおこなっています。

鬼丸さんは、バラ色の可能性をみる支配的意味解釈ではなく、また、メディアスポーツ自体を全否定する対抗的意味解釈でもなく、変革の立場から、「メディアスポーツと市民がいかなる関係を築けるか」という実践的な問題も追求していて、そのために選び取った理論が公共圏論でした。[12]これは、一九八〇年代後半からの政治・経済・文化全般でのグローバリゼーションの進展のなかで生み出されたメディアコングロマリットへの対抗として構想されたもので、[13]スポーツ分野でのそれを鬼丸さんはスポーツ公共圏と呼んでいました。

公共圏論と映像論はこの時期の鬼丸さんの研究の基軸をなすテーマですが、この二つの異なる領域が交錯するのが映像の身体性の議論だというのです。

二つのテーマを統合してそれらを包括しうる理論的枠組みの模索は、その翌年の論文「スポーツ・映像・社会」[14]でも続けられました。そこで提起されたのが「映像―スポーツ―社会」という三項を運動という視点から考えるという理論的枠組みでした。

筆者は先に映像のアトラクション＝スペクタクルの美学は映像が「動く」驚きから生まれたと述べた。では、その「動き」即ち「運動」とは何か。我々は何故「運動」に驚き、興奮するのか。何故、近代社会、とりわけ十九世紀以降の近代社会は「運動」に対して独特の興味・関心を生み出し、運動の文化である「映画」と「スポーツ」を生み出したのか。そして映像の「運動」とスポーツの「運動」とはいかなる関係にあるのか。……これらの疑問に向き合い、映像とスポーツの関係を考察していくためには、常に「社会」という大きな枠組みの中で考察する必要があるのではないだろうか。すなわち「映像―スポーツ―社会」という三項を「運動」という視点から考えること、これがスポーツ―映像の関係の考察に必要な理論的枠組みであると思われる。

運動という共通項でスポーツと映画の両者をとらえ、運動に対して独特の興味・関心を生み出した近代社会をもとらえながら、なぜ人々は運動に驚き、興奮するのかを追求するのが鬼丸さんが提起した理論的枠組み＝研究戦略です。鬼丸さん自身が格闘してきた疑問をより大きな視野に立って整理して研究の方向性を示したもので、前年に提起した映像の身体性の議論をも包括しうるスケールアップされた説得的な枠組みだと思います。

しかし、ここでは公共圏論との関係については明示していません。なぜこの枠組みが公共圏論をも包括し、映像論との統合を可能にするのか。鬼丸さんの頭のなかで発酵しつつあった野心的な企てはいまだに模索の途上にあったと思われますが、この論文ではその手がかりを社会での運動の理解に求め、その手始めとして、運動に類似した移動をテーマにするジョン・アーリ『社会を越える社会学』[15]の議論を紹介して検討を試みています。そして移動や旅などの運動に類似したテーマについての代表的な研究として、哲学のジル・ドゥルーズとフェリックス・ガタリ、フェミニズム理論・文芸批評のカレン・カプラン、社会学のジークムント・バウマン、文化人類学のジェイムズ・クリフォードなどのものがあるとし、さしあたり彼らの著作を再読することによって社会における運動の理解をとらえていくという方向性を提示しています。

鬼丸さんのスポーツ映像研究は以上のような壮大なスケールの構想のなかにあり、新たな課題に向かって走り続けていたのです。

テレビゲームのインパクト

そのほかにも鬼丸さんが着目していた論点や議論がいくつかありますが、本書の内容との関連で重要だと思われるのはテレビゲームです。

鬼丸さんは、早くからテレビゲームに着目していて、雑誌「現代スポーツ評論」第一号に寄せた論文「スポーツ公共圏とスポーツ批評(16)」の最後で、テレビゲームについて次のように指摘しています。

> 二十世紀に発達した文化はスポーツと映画であり、両者は運動＝情動の文化として大衆の欲望を作りだしてきた。今テレビゲームが、新たな運動＝情動の文化として現れたのである。テレビゲームはもはや漫画にかわる、少年の経験の基礎的な枠組みである。その影響はますます強まり、テレビゲームは映画への欲望、スポーツへの欲望をどんどん吸収していくだろう。映画のテレビゲーム化、スポーツのテレビゲーム化が進むだろう。そして逆にテレビゲームのスポーツ化も進む。リアルなシュミレーション機能をもったテレビゲーム（それらは既に一部のトップアスリートの中で使われている）が教材として教育現場の中に入り、スポーツ専攻の学生が自然にゲーム業界に入る時代はすぐ来るだろう。
> （略）テレビゲームがスポーツに取って代わり、スポーツが無くなるということを言おうとしているわけではない。変わるのはスポーツを取り巻く環境とスポーツへの欲望の質である。そのためにスポーツが全くその相貌を変えていくと思うのである。その変化をより直截にうけるのが、メディア・スポーツである。

講義が始まって四年目の一九九九年時点で鬼丸さんが、テレビゲームを「新たな運動=情動の文化」としてとらえ、二十世紀に発達した「運動=情動の文化」であるスポーツと映画の双方に対して絶大な影響を与えると考えていたことがわかります。また、この論文では、スポーツのテレビゲーム化の一例であるサイバースポーツに関する研究として「スポーツ経験の拡張[17]」を挙げていて、スポーツ経験の身体性が変容していく状況を最新の研究によってフォローしようとしていたこともわかります。そして、「テレビゲームのスポーツ化も進む」という鬼丸さんの予測の正しさは、たとえば二〇二二年にアジア競技大会の正式種目にeスポーツが加えられ、スポーツの概念そのものが変貌を遂げつつあることによって証明されています。

しかし、これほど重要視していたにもかかわらず、講義ではテレビゲーム（コンピューターゲーム）について、ごく簡単にしかふれていません。本書の講義13では、一九八〇年代以降の映像の変化の二番目に挙げているのがテレビゲームであり、それによってスペクタクル映像の中心はスポーツ映像からゲームに移ったとし、さらにこれからのスポーツ映像のあり方を考えていくうえで「現在の中心的なスペクタクルの映像であるゲーム」に学ぶ必要があると指摘しています。重要視してはいるものの、具体的な説明は何もありません。また、先に挙げた九九年の論文以外でテレビゲームについて論じたものも見当たりません。なぜなのか。

やはり鬼丸さん自身のゲーム経験の不足がネックだったのではないでしょうか。ゲーム映像の中身に踏み込んだり、この「新たな運動=情動の文化」がもたらす身体的な経験について語るには、自身による一定の経験が不可欠です。ＩＴ（情報技術）に疎い私の個人的な推測にすぎませんが、鬼丸さんはそこまでゲームに没頭することができなかったのではないでしょうか。世代的なギャップかもしれません。と同時に、講義に関しては、ゲーム世代である若い学生たちにとってはほとんど自明で説明不要のものという判断もあったのかもしれません。つまり、「現在の中心的なスペクタクルの映像であるゲームから何を学ぶかは、自分で考えてみてください」と学生の側に考察を委ねていたようにも思われます。

本書の意義をめぐって

「ごめん、まだ無理」。十年ほど前にあった出版計画が幻に終わってしまったことはすでに紹介しました。そもそも鬼丸さんは、世俗にまみれず出世や金銭的なことから距離を置き、大学の非常勤講師として無頼に生きた人でした。業績づくりや自己顕示欲に駆られて自著を出すような輩とは異なり、書物を愛して文体や表現の細部にまでこだわる人なので、自著を出すとしても慎重でかなり時間がかかるだろうなと予想していました。しかし同時に、講義の書籍化という枠をはめてしまえば出版のハードルを下げることができると考え、鬼丸さんに対して「大人気の講義の内容をそのまま書籍化すればいい、悩まずに肩の力を抜いて仕上げればいいじゃないですか」と説得を試みました。

承諾したかと思われましたが、鬼丸さんの自著に対する姿勢はすぐに元通りの厳しいものに戻ってしまい、再びハードルを上げてしまったのだと思います。鬼丸さんのスポーツ映像研究が、とてつもなく壮大なスケールの構想のなかにあったことは先にみたとおりです。進み始めた道を後戻りすること、あるいはまだ道半ばなのにそれを放置したまま講義の内容だけを切り取って自著にすることが、誇り高き無頼漢である鬼丸さんには得心がいかなかったのでしょう。

夫人の晴美さんから、「常に新しいことを目指す彼には自身で出版することはできなかったと思います」という言葉をいただきました。それが鬼丸さんの研究姿勢であり生き方だったのだと思います。だとすれば、再チャレンジになった今回の書籍化の企画も、また途中で「ごめん、まだ無理」と言いだしたかもしれません。でも私は、今度はあっさりとは引き下がらず、鬼丸さんにその理由を問い詰め、議論し、しつこく食い下がったと思います。一冊のなかに壮大なスケールの研究を収めるのはそもそも不可能でどうしても戦線を大幅に縮小せざるをえないし、鬼丸さんが「予備的考察」にすぎないと考えていてもそれ自体が前人未到の研究になっているからです。研究序説としても、また映像分析の技法を習得するための教科書としても、社会に出す意義があるなどと言って必死で説得を試みたでしょう。

本書を読めば、メディアの映像を客観的に分析して考察するための基礎が身に付きます。また、スポーツ映像を歴史的な視野からとらえ、その現状と未来や人々を引き付けるスポーツの魅力を考えるための手がかりをつかむことができるはずです。私自身がそうだったように、映画の面白さを再発見してはまってしまう人もきっといるでしょう。

また、鬼丸さんが目指していた、スポーツ映像研究を批判して限界や問題点を指摘し、別のアプローチを提起するというような議論が起これば、これほどうれしいことはありません。新たな議論のために壮大なスケールの理論的な枠組みを描き、論点や仮説を提起して、広大な大地の地ならしをした鬼丸さんにとって、それこそが本望だったはずです（鬼丸さんの論文の多くはネットで検索とダウンロードが可能です）。

鬼丸さんが「スポーツ批評」第一号の掲載論文のなかで主張し、同号のキャッチコピーになった言葉を、最後にもう一度引用します。


スポーツ批評は、いま開かれねばならない。「批判」の言説が内閉していること、ここに今のスポーツの不幸がある。

注
（1）鬼丸正明「情動と運動文化」、一橋研究編集委員会編「一橋研究」第九巻第一号、一橋研究編集委員会、一九八四年
（2）鬼丸正明「快楽とスポーツ批評」「スポーツ批評」第一号、窓社、一九八七年
（3）ポール・ヴィリリオ『戦争と映画Ⅰ——知覚の兵站術』石井直志／千葉文夫訳（ＧＳ叢書）、ＵＰＵ、一九八八年

(4) 加藤幹郎『映画のメロドラマ的想像力』フィルムアート社、一九八八年

(5) 鬼丸正明「戦争とスポーツの究明に」、「スポーツにも有益」「スポーツ批評」第五号、窓社、一九八八年、一〇八ページ

(6) 久野収編『哲学と美学の接点』(「中井正一全集」第一巻)、美術出版社、一九八一年

(7) 鬼丸正明「疾走する映像」、日本体育学会編「体育の科学」第四十六巻第二号、杏林書院、一九九六年、一三九ページ

(8) 鬼丸正明「メディア論の現状とスポーツ理論の課題」「研究年報」一九九六年号、一橋大学体育共同研究室

(9) 鬼丸正明「笑う空白」「スポーツ批評」第三号、窓社、一九八七年

(10) 前掲「快楽とスポーツ批評」一八六ページ

(11) 鬼丸正明「メディアスポーツと映像分析――予備的考察」、一橋大学スポーツ科学研究室編「一橋大学スポーツ研究」第二十四巻、一橋大学スポーツ科学研究室、二〇〇五年。以下の引用はすべて同論文からのものである。

(12) 早川武彦「メディアスポーツ」、高津勝／尾崎正峰編『越境するスポーツ――グローバリゼーションとローカリティ』所収、創文企画、二〇〇六年、四七ページ

(13) 鬼丸正明「スポーツ・グローバリゼーション・公共圏」、高津勝／尾崎正峰編『越境するスポーツ――グローバリゼーションとローカリティ』所収、創文企画、二〇〇六年、二〇四ページ

(14) 鬼丸正明「スポーツ・映像・社会」、一橋大学スポーツ科学研究室編「一橋大学スポーツ研究」第二十五巻、一橋大学スポーツ科学研究室、二〇〇六年、六ページ

(15) ジョン・アーリ『社会を越える社会学――移動・環境・シチズンシップ』吉原直樹監訳(叢書・ウニベルシタス)、法政大学出版局、二〇〇六年

(16) 鬼丸正明「スポーツ公共圏とスポーツ批評」「現代スポーツ評論」第一号、創文企画、一九九九年、一五六ページ

(17) McDaniel, S. R. and C. B. Sullivan, "Extending the Sports Experience: Mediations in Cyberspace," in L. A. Wenner ed., *MediaSport*, Routledge, 1998.

［著者略歴］

鬼丸正明（おにまる まさあき）

1956年、鹿児島県生まれ

一橋大学大学院博士課程単位取得退学。一橋大学、武蔵野美術大学で非常勤講師を長く務める

専攻はスポーツ社会学、映像文化論。特に批判的スポーツ理論、スポーツ映像論、公共圏論の研究に力を注いだ

2022年11月20日に逝去

共著に『越境するスポーツ』（創文企画）、論文に「スポーツ・映像・社会」（「一橋大学スポーツ研究」第25巻）、「スポーツ公共圏とスポーツ批評」（「現代スポーツ評論」第1号）、「スポーツ社会学と公共性（公共圏）論」（「一橋論叢」第124巻第3号）など

［編著者略歴］

坂上康博（さかうえ やすひろ）

1959年、大阪府生まれ

一橋大学大学院博士課程単位取得退学。一橋大学名誉教授、放送大学客員教授

専攻はスポーツ史、スポーツ社会学、社会史

著書に『権力装置としてのスポーツ』（講談社）、『にっぽん野球の系譜学』（青弓社）、『昭和天皇とスポーツ』（吉川弘文館）、編著に『12の問いから始めるオリンピック・パラリンピック研究』（かもがわ出版）、共編著に『幻の東京オリンピックとその時代』『東京オリンピック1964の遺産』（ともに青弓社）、『スポーツの世界史』（一色出版）など

映像文《えいぞうぶん》化《か》論《ろん》の教科書《きょうかしょ》　運動としての映画、映像としてのスポーツ

発行―――2025年1月29日　第1刷

定価―――2800円＋税

著者―――鬼丸正明

編著者――坂上康博

発行者――矢野未知生

発行所――株式会社青弓社

〒162-0801 東京都新宿区山吹町337

電話 03-3268-0381（代）

https://www.seikyusha.co.jp

印刷所――三松堂

製本所――三松堂

ISBN978-4-7872-7472-4　C0074